ARQUITECTURA Y LO SAGRADO I

COLECCIÓN

ARQUITECTURA Y HUMANIDADES

MARÍA ELENA HERNÁNDEZ ÁLVAREZ

COMPILADORA

Primera edición 2015

Directorio

Dra. en Arq. María Elena Hernández Álvarez
Directora

Mtra. en Arq. Patricia Barroso Arias
Coordinación de Contenido Editorial
Versión impresa y versión digital en: www.architecthum.edu.mx
Colaboración:
Arq. Milena Quintanilla Carranza

Mtro. en Arq. Federico Martínez Reyes
Coordinación Editorial
Colaboración:
Cynthia Sugey Acosta Ibarra
Diego Bonilla Bastida
Alicia Guadalupe Wong Hernández
Roberto Israel Peña Guerrero

Mtro. Guillermo Samperio/Rodrigo de Sahagún
Fundación Cultural Samperio, A.C.
Revisión ortotipográfica y de estilo

Ilustración de portada:
Federico Martínez Reyes

El contenido, la selección del material escrito, su organización y la redacción de los artículos, son responsabilidad absoluta de sus autores, quienes han cedido de manera no exclusiva sus derechos de autor a esta edición.

©ARCHITECTHUM PLUS S.C.
Díaz de León 122-2
Aguascalientes, Aguascalientes
México CP 20000
libros@architecthum.edu.mx

ISBN 978-607-9137-25-0

Presentación

La construcción de la Teoría de la Arquitectura, que es el sustento de todo diseño arquitectónico, implica un complejo proceso reflexivo y crítico mediante el cual se verifica a distancia y en profundidad la enseñanza y la praxis del oficio de ser arquitecto. Si la Arquitectura, es decir, lo habitable, le concierne a todo ser humano, las premisas de ella misma sólo pueden concebirse de manera transdisciplinaria sustentándose en todos los campos del conocimiento porque, además, es a todos ellos a quien va destinado su servicio.

Asimismo, las manifestaciones del humanismo están asociadas a la conciencia social del hombre y a sus circunstancias existenciales en el mundo, de tal suerte que se deben ir generando consideraciones ontológicas y epistémicas en el plano formativo y profesional para el arquitecto. Por ello, asumir una formación humanista desde sus más altos y nobles ideales, constituye una necesidad cada vez más apremiante en el mundo de hoy; y es esto lo que nos transmite una imagen del arquitecto como persona que piensa, que crea y que produce una arquitectura orientada hacia el bien común.

Actualmente, gracias a esfuerzos de profesores e investigadores de nuestro Programa Académico, como la Dra. María Elena Hernández y de su grupo de colaboradores, proyectos editoriales como esta Colección Arquitectura y Humanidades, hacen posible pensar en una Teoría de la Arquitectura impresa con un sello particular en donde el proceso de enseñanza aprendizaje no se concibe ya como un proceso educativo centrado únicamente en la adquisición de conocimientos y habilidades, sino como un compromiso reflexivo y crítico que reclama un cambio de orientación dirigido a la búsqueda de nuevos nexos y relaciones disciplinares, particularmente aquí con las Humanidades.

Así, validando este enfoque transdisciplinar, se escriben y difunden en este proyecto editorial, colección Arquitectura y Humanidades, ideas artísticas, científicas, éticas, filosóficas, poéticas e históricas, que provienen de numerosas visiones del mundo arquitectónico, sustentadas en ideologías, teorías y posturas que están en correspondencia con las exigencias del mundo contemporáneo.

Es esencial que nuestra Facultad de Arquitectura sea parte de las instituciones educativas que contribuyen a la formación de arquitectos conscientes y reflexivos para que esto nos permita, no solamente vivir en el mundo actual, sino además, transformarlo de manera transdisciplinaria para la sustentabilidad y sostenibilidad que el futuro nos demanda.

Así, la Colección Arquitectura y Humanidades nos convoca a la reflexión filosófica que comprende a la arquitectura desde su núcleo, el hombre, y al arquitecto como el profesional dotado de razón, de conocimiento y de capacidad para construir, pensar y diseñar lugares de verdadera calidad habitable.

Sabemos que este proyecto editorial queda establecido para ser puerta abierta permanente a las colaboraciones de quienes consideren el trabajo transdisciplinario como una fuente necesaria para validar, hoy más que nunca, las pautas de diseño de los espacios que los seres humanos habitamos.

Mtro. en Arq. Alejandro Cabeza Pérez
Coordinador del Programa de Maestría y Doctorado en Arquitectura
Facultad de Arquitectura
Universidad Nacional Autónoma de México
Enero de 2015

La *Colección Arquitectura y Humanidades*, tiene el objetivo de fortalecer los lazos entre ambos campos de conocimiento, ya que uno sin el otro no podrían concebirse. Si comprendemos que, tanto la Arquitectura como las Humanidades conciernen a todo ser humano, es por ello que este proyecto centra su propósito en compartir los esfuerzos de muchas personas por enriquecer los encuentros transdisciplinarios que coadyuvan al compromiso con la calidad de las pautas de diseño de los espacios que habitamos los seres humanos.

En este proyecto editorial presentamos numerosos trabajos de exalumnos y profesores del Seminario y Taller de Investigación *Arquitectura y Humanidades* fundado en 1997 en el Programa de Maestría y Doctorado en Arquitectura de la Universidad Nacional Autónoma de México. A partir de ese año, esta *Colección Arquitectura y Humanidades*, tanto en sus versiones digitales como en la impresa, también se ha visto enriquecida de manera significativa con la generosa colaboración de muchos académicos y profesionales de diversas instancias y países.

Los números de este proyecto editorial se presentan organizados en temáticas generales abiertas para multiplicarse secuencialmente. Los artículos en cada número dan a conocer importantes reflexiones teóricas cuyo interés primordial es contribuir a la formación de investigadores y de docentes, así como el promover la generación y divulgación del conocimiento y la cultura arquitectónica y humanística.

Inaugura la lista de autores el Dr. Jesús Aguirre Cárdenas, quien, además de contribuir con un importante ensayo sobre el tema central de esta Colección, ha otorgado en todo momento su apoyo al proyecto académico *Arquitectura y Humanidades*. Expreso aquí mi profunda gratitud y admiración al Dr. Jesús Aguirre Cárdenas por su confianza a esta propuesta académica editorial y, sobre todo, por su inigualable ejemplo humano a seguir; él siempre abriendo caminos.

Por mi conducto, todos los autores que participamos en esta Colección expresamos nuestra gratitud a las autoridades de la Facultad de Arquitectura de la Universidad Nacional Autónoma de México, especialmente a su Director el Arquitecto Marcos Mazari Hiriart, al Maestro en Arquitectura Alejandro Cabeza Pérez, Coordinador del Programa de Maestría y Doctorado en Arquitectura y al Maestro en Arquitectura Salvador Lizárraga, Coordinador editorial de la Facultad de Arquitectura, por el reconocimiento que otorgan a la trayectoria de los autores que participan en esta *Colección Arquitectura y Humanidades*, así como a la calidad de los ensayos que en ella se presentan.

Finalmente, mi especial reconocimiento a la Maestra en Arquitectura Patricia Barroso Arias y al Maestro en Arquitectura Federico Martínez y a sus colaboradores por las incontables horas de entrega, creatividad, compromiso, liderazgo y confianza a este proyecto editorial.

María Elena Hernández Álvarez
México, Distrito Federal , diciembre de 2014

Volumen 4

ARQUITECTURA Y LO SAGRADO I

Introducción

PATRICIA BARROSO ARIAS

En las formas más antiguas de cultura y de comportamiento religioso, se ve vinculada una experiencia litúrgica, mística que se realiza en un lugar; dicho lugar cobra el significado de sagrado a través del tiempo y de la interpretación histórica. Sin embargo, cuando reflexionamos en ello, nos cuestionamos ¿qué determina a estos lugares como espacios sagrados? Las acciones humanas se vinculan a la sacralidad que cobra un lugar y se menciona que en el espacio sagrado se lleva a cabo la repetición del acto con que las personas manifiestan sus creencias, es pues, el ámbito concreto donde tiene cabida un acontecimiento poderoso, un rito o una celebración.

Esta conjugación de la arquitectura y lo sagrado, conlleva una concepción fenomenológica del mismo concepto de "espacio sagrado" porque es subjetivo y es aceptado en su definición como un lugar que surge en función de ciertos ritos llevados a cabo por una comunidad, dichos sitios emergen como grandes agrupaciones y conjuntos de templos con altares privados que sirven para honrar a los antepasados, para honrar a un santo, a la virgen, o bien, contienen a figuras bíblicas; personajes a los que se les destina un rincón, se les reserva un nicho en la casa o se les construye un santuario por la comunidad de creyentes que honran a la divinidad. Este tipo de lugares sagrados, se conocen también como iglesias, catedrales, templos, grandes y pequeños monasterios, abadías y conventos, donde habitan grupos de religiosos dedicados a diversas actividades para cumplir los preceptos de sus creencias y religión.

Todas estas construcciones representan una aproximación al más allá, es decir, nos invitan a reflexionar en lo intangible, en los valores humanos que pensamos, que construimos en el imaginario colectivo y que buscamos representarlos de alguna manera en las formas arquitectónicas. A veces pensamos en los sitios construidos bajo un juego de luz y sombra, con grandes relieves, con esculturas y grandes claros, o bien hallamos las calles como esos espacios urbanos que se modifican e integran a una procesión y que por su desplazamiento lineal invitan a una larga fila de personas a seguir un rito. Así, nos damos cuenta de que los espacios sagrados se conforman también más allá de los límites de lo arquitectónico y pueden surgir en el paisaje natural, en cualquier rincón donde la presencia de nuestras divinidades, de nuestros ancestros o de los dioses se haga evidente.

El espacio sagrado se vuelve un lugar de poder místico y cultural, puede cobrar un valor histórico y patrimonial, éste nos revela los propósitos de las acciones humanas, así, la arquitectura cobra un orden específico, se fragua bajo diversas jerarquías formales y espaciales que van dictadas por nuestras acciones, hábitos y costumbres. La monumentalidad, los recintos bañados de luz, las crujías bajo la penumbra, el silencio que se constituye entre los muros de un convento, es capaz de envolvernos en un estado contemplativo, esa ausencia de ruido también convierte al templo en un espacio auditivo, visual y olfativo.

Hablamos, así, de construcciones introvertidas con disposiciones espaciales hacia adentro, exteriormente cerrados y con una arquitectura que procede de una recíproca adaptación con el paisaje circundante. Todo ello es representación de lo que el hombre llama lo divino, son sitios concebidos para el retiro espiritual, para mantener el silencio exterior y escuchar la voz interior. Lugares de lucha, de sacrificio, de culto, de contemplación, de serenidad, de intimidad, de protección, de remembranzas, de adoración y cargados de símbolos, espacios que han sido espejo del tiempo histórico, que representan la síntesis de las realidades económicas, políticas, sociales y culturales de una época, sitios erigidos por filosofías, cosmogonías e intereses diversos, espacios de transformación y dominación ideológica, de creencias y tradiciones, que son destinados para la experiencia mística y que cobran una memoria colectiva al ser contenedores de objetos venerables, estos sitios son también símbolos de nuestra identidad.

Morfología monasterial en el espacio griego
Monasterio y contexto, una jerarquía orgánica

CLAUDIO DANIEL CONENNA

El sello geográfico del territorio griego se caracteriza por la variedad en su geo-morfología, motivo por el cual, en la época antigua y bizantina, los monumentos sacrosantos ocupaban los sitios más bellos [1]. Es conocida la sensibilidad de los griegos para la elección del lugar adecuado de implantación de sus edificios, el cual, provocará en el hombre predisposición de elevación y misticismo [2]. "Topográficamente Grecia está constituida por una notoria variedad de paisajes. Cada uno está claramente definido. La intensa luz solar y el aire puro contribuye a la insólita presencia de las formas" [3].

En la antigua Grecia, antes de erigir un templo, construían altares al aire libre en lugares ideales, a partir de los cuales, todo el lugar sagrado podía ser visible [4]. En la época bizantina, los monasterios se construían en lugares en donde vivía el fundador del monasterio o muy cerca de la gruta donde moraba como monje. En éstos la vista constituía un tema muy importante para la arquitectura [5]. Sin embargo, lo fundamental para la comunidad monástica cenobítica, era el discernimiento espiritual en la elección del lugar para el ejercicio monástico [6].

Ciertamente, los monasterios se hacían exteriormente cerrados e introvertidos, volcados hacia adentro, es decir, mirando hacia el interior, pero sin que la vista dejara de ocupar un lugar significativo. Su arquitectura del modo como se plasma volumétricamente procede de una recíproca adaptación e interrelación edificio-terreno dando como resultado un sistema orgánico-plástico, de acuerdo con el cual, el monasterio no agrede volumétricamente el paisaje circundante. La creativa y armoniosa combinación [7], con la cual los monasterios se incorporan al medio ambiente es el resultado de la sensibilidad y del respeto a la naturaleza por parte de los arquitectos y fundadores. Cuánto más ascética se hace la comunidad tanto más se aísla y se aleja instalándose en lo alto de las montañas, el curso de esta espiritualidad monástica es la búsqueda de la *«Iluminación del corazón»*, de la *«Divina Gracia»*, del *«conocimiento de Dios»*, y de la *«Transformación de los seres y de las cosas»* [8] es decir, la unión entre el cielo y la tierra.

"La unión del cielo y la tierra establece el punto de partida para la diferenciación de las cosas. Así, las montañas pertenecen a la tierra, pero se elevan hacia el cielo. Son altas, están cerca del cielo, es el lugar de encuentro en donde los dos elementos fundamentales coexisten" [9]. Durante el período bizantino y post bizantino, generalmente, la ubicación de los monasterios es del tipo montañosa, por dos razones: a) Puesto que la naturaleza de Grecia es en gran parte montañosa y, b) Porque la vida monástica requiere del aislamiento y la soledad para resguardar el silencio y el retiro espiritual, además, de las razones de protección en contra de los saqueos y del alejamiento de la vida mundana.

Las tres «columnas» de la forma monacal en el espacio ortodoxo griego, se conectan fundamentalmente con el modo de implantación en el contexto físico de los monasterios y está determinada por el carácter de la práctica cenobial y, son los siguientes:

Monte Athos en Macedonia de clara organización cenobial regular,

Meteora en Thesalía cenobio con tendencia al ascetismo,

Gortynía en el Peloponeso cenobio con carácter ascético o comunidad ascética.

Ciertamente, existen otros complejos monacales diseminados por todo el territorio griego, donde adoptan o se desarrolla uno de estos tres modelos monacales correspondientes a la inclinación cenobítica de los grupos de monjes, la cual, siguiendo una tendencia espiritual se identifica con las características del medio ambiente natural [10]. Por lo general, la mayoría de los monasterios del espacio griego conservan el sistema monástico de tipo regular cenobítico. Sin embargo, el tipo monástico-cenobial de Meteora resulta una excepción tanto en el espacio griego como en la misma arquitectura monástica, puesto que, la topografía donde se implantan los monasterios es única, con forma de un «gigantesco bosque de piedras» situándose los mismos en la cima de los picos montañosos con un carácter peculiar, por tratarse de un monaquismo con tendencia al ascetismo.

Podríamos decir que el sistema monasterial cristiano es el resultado de la interacción de dos potencias, la materia y el espíritu. Tanto en occidente como en oriente cada monasterio tiene su propio carácter y su propia fisonomía, dando a conocer de este modo y, correspondientemente el carácter cenobial del grupo de monjes que lo construyeron. Los factores que determinan esencialmente el carácter morfológico del monasterio ortodoxo griego son: primero, las particularidades del lugar (cite) en donde se implanta el monasterio; segundo, la relación que tiene el lugar de implantación con el paisaje (landscape), el cual forma parte del monasterio y, tercero, las características topográficas conjuntamente con las condiciones climatológicas. Por otro lado, la fisonomía morfológica de los grupos monasteriales se caracteriza como la expresión arquitectónica creada por el espíritu de los fundadores y de los arquitectos monjes o laicos.

En líneas generales, podemos distinguir morfológicamente dos tipos de manifestaciones arquitectónicas en los monasterios cristianos: la geométrica y la orgánica. A la primera, pertenecen los monasterios occidentales, y a la segunda, los orientales. Históricamente estos dos sentidos [11] se desarrollan de la siguiente manera: como disposición geométrica se considera a la Romana, la cual toma en cuenta la necesidad y la funcionalidad, pero por sobre todo depende de un dominio general de la forma-significado que la acompaña a cualquier implantación. Contrariamente, la Griega -con sus propios cánones para cada caso- se la considera más visual y con más disposición orgánica, lo que, como particularidad propia la hace mucho más natural y autónoma. La forma geométrica ignora de algún modo las propiedades del lugar (cite) establecido, y por extensión, contrastan con el paisaje (landscape), mientras que la orgánica es parte armónica del territorio (cite). La forma geométrica con la imponente característica de sus líneas rectas se materializa en antagonismo con la naturaleza, la cual, no reconoce líneas rígidas. La forma geométrica se impone a la naturaleza, al contrario de la orgánica que se adapta a las variantes

Claudio Daniel Conenna

topográficas, reconociendo y utilizando las particularidades del terreno. Además, la forma orgánica reconoce la mutua relación (interrelation) existente entre el hombre y el medio ambiente, del cual él mismo, ecológicamente forma parte. Con este espíritu de conservación que predomina siempre, el diseñador orgánico sabe que la naturaleza dispone de una belleza propia, sobre la cual, una intervención cuidadosa puede lograr valores plásticos, de modo que el edificio en armonía con la naturaleza exalte su valor. Más bien, en ciertos casos, podríamos sostener lo siguiente: aquello que es desventaja para las inflexibilidades de las formas geométricas, es ventaja para la flexibilidad de las formas orgánicas, la cual es capaz de superar con flexibilidad plástica cualquier implantación.

La arquitectura monástica durante el período bizantino y pos bizantino en el espacio griego, pone de relieve una estrecha y contextual relación con la diversidad del medio físico en donde se implanta. En este sentido, podemos considerarla «orgánica». La integración arquitectónica «orgánica» de estos monasterios en la naturaleza, es expresión de continuidad, del respeto y la humildad fundamentada en la fe cristiana de manera tal que, el monje se considera responsable en la intervención de la naturaleza: *"sacerdote y celebrante, soberano y administrador de la naturaleza no olvide que tiene compromiso que se representan y que lo eleva ante el Creador"* [12].

La integración orgánica de la arquitectónica en los monasterios refleja simbólicamente la integración o la consumación con la cual la persona espiritual «se sumerge» en Dios para formar una total unidad con él, [13] y de este modo, se encuentre en armonía junto a él. En otras palabras, podemos decir, que la integración orgánica que presentan los monasterios griegos en un lugar concreto de implantación, no es simplemente externa, sino que proviene del interior del edificio, razón por la cual se construyó, es decir, para que «cobije» la forma de vida monástica cenobial.

Esta natural integración refleja la vida de cada monje, el cual «estructura y construye» su completamiento interior para integrarse a la naturaleza de su propia existencia, a la de su congregación cenobial y a la de su Creador. Así, entonces, la vida monástica cenobial demuestra de modo natural la esencia de la forma arquitectónica del monasterio. A la forma monástica orgánica en el espacio griego la llamamos «natural», puesto que, se trata de una arquitectura de la naturaleza inspirada en el paisaje natural circundante en el que se adapta siguiendo la forma del terreno y elevándose arquitectónicamente con forma de monasterio en armonía con él. La calidad de la integración depende del uso de los materiales de construcción con los cuales se construyeron los monasterios. La naturaleza de cada uno de ellos (piedra, ladrillo, madera) se conserva tal como es para enfatizar en los edificios la expresión «orgánica» de su arquitectónica.

En este punto vale la pena resaltar que la manera de traducir la vida monástica-cenobial en arquitectura monasterial, se expresa a modo de ejemplo en edificios-monasterios concretos. Similar expresión arquitectónica se encuentra en los puntos de vistas y en el acercamiento filosófico del contemporáneo arquitecto americano, F. Ll. Wright (1869-1959). Sus principios sobre la filosofía de la arquitectura en relación con la arquitectura orgánica [14], la integración [15] del edificio en el medio ambiente natural y la explotación de la naturaleza de los materiales [16], se interpretaron arquitectónicamente de manera genuina y auténtica y mucho antes en los monasterios anónimos que estudiamos.

El propósito de esta comparación, entre la arquitectura monástica ortodoxa en el espacio griego y la filosofía sobre la arquitectura de F. Ll. Wright no se basa sólo en la casualidad existente entre ellas, sino, principalmente en la importancia de la realización arquitectónica de la filosofía o teoría del mundialmente reconocido arquitecto americano, en la arquitectura monástica ortodoxa griega en la época bizantina y pos bizantina Esta arquitectura concretiza aquello que «descubriera» o «desarrollara» Wright, después de muchos siglos como una nueva manera de pensamiento de la proyectación arquitectónica. Consideramos que el mismo Wright no conoció estos ejemplos monasteriales que nos ocupan, pero su reconocida teoría junto con sus obras, demuestran la calidad arquitectónica de estos monasterios.

Además, podríamos agregar que el uso del hormigón en su obra no le permitió «expresar» con autenticidad y certeza su rica e interesante teoría, la que finalmente constituyó una sintaxis racional de la arquitectura en medio ambiente natural. Racional, en el sentido de la regularización geométrica en el tratamiento del espacio arquitectónico de sus edificios. La arquitectura orgánica como la define F. Ll. Wright, sobrepasa el nivel natural de la construcción de modo que exprese la importancia de una creación espiritual [17]. Como el conjunto monástico se incorpora orgánicamente al medio ambiente donde se implanta, da la sensación de que un Espíritu (el Santo Espíritu) orienta y ayuda al hombre tanto en la elección del lugar de implantación como en la idea arquitectónica del monasterio, la cual, finalmente conforman obras arquitectónicas dignas de admiración, como ejemplo se incluyen algunos grupos monásticos.

Podríamos decir que esta arquitectura que se representa en los mencionados monasterios, sobrepasa el nivel natural (de la construcción, de los materiales y de las formas) expresando una energía espiritual o sobrenatural que interpreta la vida monacal, la naturaleza del hombre-monje y las condiciones de su vida. Para que comprendamos mejor el sentido de la energía sobrenatural en el hombre es vital que veamos que dice San Gregorio Palamás en relación con este tema: *"Entre los regalos de Dios algunos son naturales: se ofrecen a todos sin distinción, ante la Ley, bajo la Ley, y además desde la Ley. Otros regalos son sobrenaturales, espirituales y completamente inabordables. Considero los últimos regalos superiores a los primeros, como cuantos fueron merecedores de la sabiduría del Espíritu Santo son superiores a todo el grupo de filósofos griegos. Sostengo aún como uno de los regalos naturales de Dios es la filosofía, así como también los descubrimientos de la lógica humana, y las ciencias"* [18].

Notas

1. Conenna, Claudio, "Morfología Monasterial en el espacio griego", Recuperado de: http://www.monografias.com/trabajos917/morfologia-monasterial-griego/morfologia-monasterial-griego.shtml (24-03-2014).
2. Ídem.
3. Scully Vincent, "The Earth, the Temple, and the Gods: Greek Sacred Architecture", EUA: Yale University Press, 1979, p.9.
4. Scully, op. cit., p. 45.
5. Conenna, Claudio, "Morfología Monasterial en el espacio griego", Recuperado de: http://www.monografias.com/trabajos917/morfologia-monasterial-griego/morfologia-monasterial-griego.shtml (24-03-2014).

6. Ídem.
7. Ídem. "La armonía de lo construido con el medio ambiente (...) el ambiente natural y el ambiente construido en el respetuoso encuentro de ellos, en la bondadosa comunicación". También Le Caisne M.-Bouillot J., Sitio y entorno, pág. 298-303.
8. Ídem.
9. Norberg Schultz Ch., "Genus Loci, Towards a phenomenology of architecture", New York: Rizzoli, 1980 pp. 24-25.
10. Existen así, monasterios con las características de los de Gortynía en el Peloponeso, por ejemplo el monasterio Hozobiótissa en Amorgos o el monasterio Zoodohou Piguis Kipinas en Hipiro, el monasterio Megalo Spilio en Kalábrita, o el monasterio de Panaghia Elonis en Leonidio. También, encontramos complejos con el carácter de los monasterios del Monte Athos en Mistrás y además, el monasterio de Ioanni Prodomou en Seres, el monasterio Agio Bisariona en Tríkala, los monasterios Osíou Luká y Osíou Meletiou en la Grecia continental (Sterea Hellas), etc.
11. Conenna, Claudio, "Morfología Monasterial en el espacio griego", Recuperado de: http://www.monografias.com/trabajos917/morfologia-monasterial-griego/morfologia-monasterial-griego.shtml (24-03-2014).
12. Ídem. También véase, Loos A., Ornamento, p. 232. "La obra humana no debe competir con la obra de Dios" y Zizioula I., La edificación, pp. 44-46.
13. Ídem.
14. Wright Frank LL., "The Natural House", EUA: Horizon Pr. 1954, p.47.
15. Wright, op. cit., pp. 121-123.
16. Wright, op. cit., pp. 52-53.
17. Wright, op. cit., pp. 277-281. "La arquitectura es vida, o al menos, es la vida misma que toma forma y que por extensión es una referencia más verdadera de la vida... La arquitectura es un Gran Espíritu y por eso no puede cualquier edificio construido por hombre en la tierra... Arquitectura es aquel espíritu vivo y creador que de generación en generación, de época en época obra, insiste y crea análogamente con la naturaleza del hombre y de sus circunstancias (...) la arquitectura es la interpretación necesaria de la vida humana".
18. Conenna, Claudio, "Morfología Monasterial en el espacio griego", Recuperado de: http://www.monografias.com/trabajos917/morfologia-monasterial-griego/morfologia-monasterial-griego.shtml (24-03-2014).

Bibliografía

Conenna, Claudio, "Morfología Monasterial en el espacio griego", Recuperado de: http://www.monografias.com/trabajos917/morfologiamonasterial-griego/morfologia-monasterial-griego.shtml (24-03-2014).

Norberg Schultz Ch., "Genus Loci, Towards a phenomenology of architecture", New York: Rizzoli, 1980.

Scully Vincent, "The Earth, the Temple, and the Gods: Greek Sacred Architecture", EUA: Yale University Press, 1979.

Wright Frank LL. "The Natural House", EUA: Horizon Pr. 1954.

Las mayordomías del barrio de Tecamachalco, en San Salvador El Seco, Puebla, México, como generadoras de espacios urbano-arquitectónicos

ALBERTO DE LA LUZ HERNÁNDEZ

Mayordomías del mes de mayo en San Salvador El Seco, Puebla

San Salvador El Seco es una comunidad que se encuentra en el Estado de Puebla, México; se fundó el día 3 de mayo de 1557, por orden de Felipe II, Rey de España, con el nombre de Cuauyehualulco, que significa "En la redondez montuosa" o también "Lugar cercado de árboles", y efectivamente el pueblo está asentado sobre una loma. Se fundó con cuatro grupos indígenas diferentes, cada cual pasó a formar un barrio. Los cuatro barrios se designaron con los nombres de Tecoac, Quecholac, Xilotepec y Tecamachalco.

El Seco, como se le conoce en la región, tiene una traza ortogonal, con la Parroquia principal al centro y un barrio en cada cuadrante. En la Parroquia se venera, como Patrono del pueblo, la imagen de El Divino Salvador, es una imagen de bulto en la que se presenta a Jesucristo de pie con los brazos abiertos. Cada barrio tiene una Capilla en la cual se venera un Cristo Crucificado, y al paso del tiempo han ido integrándose otras imágenes en cada Capilla, por donación de algún devoto o por alguna asociación religiosa (Virgen del Carmen, Corazón de Jesús, San Judas Tadeo, etc.). Indudablemente, no puede faltar la imagen de Nuestra Señora de Guadalupe, tanto en la Parroquia como en cada una de las Capillas. Para cada una de las imágenes que existen tanto en la Parroquia como en las Capillas, se nombran cada año o cada tres años, según la imagen de que se trate, unos mayordomos, quienes se encargan de realizar la festividad de la imagen respectiva.

Las mayordomías del mes de mayo son las más importantes de todo el año, las que se celebran y se viven con mayor intensidad, inclusive más que la Feria del Pueblo, que es cada seis de agosto. La mayordomía del tres de mayo es la más antigua y la más importante, porque en ella se conmemora la fundación del pueblo, y por coincidencia del día, también se festeja a la Santa Cruz; la del cinco de mayo apareció posteriormente, por devoción a Cristo Rey, y nada tiene que ver con el recuerdo de la Batalla del 5 de mayo en Puebla; la del día 1 de mayo es la más reciente, en ella se venera al Señor del Trabajo, para que llene de bendiciones y favorezca a las personas de la comunidad en el desempeño de sus trabajos y oficios, y nada tiene que ver con el recuerdo de la lucha civil por los derechos de los trabajadores sindicalizados o no sindicalizados; y en los últimos años surgió la mayordomía del Niño Doctor, que se celebra el 30 de abril, la cual es producto de una devoción al Niño Doctor que se venera en Tepeaca, Puebla; se realiza para festejar a los niños de cada barrio con juguetes, función de payasos, etc. Esta festividad ya se ha enlazado a las de los días de mayo, y constituye el preámbulo o víspera de las fiestas de este mes. Cada barrio tiene un Cristo Crucificado para cada uno de los tres días de mayo y un Niño Doctor para el 30 de abril. Por lo cual, en cada día hay fiesta en los cuatro barrios.

Cabe aclarar que en estos días las festividades se llevan a cabo en las Capillas de los barrios y no existe fiesta en la Parroquia principal. El ayuntamiento no participa económicamente en estas mayordomías. La manera de celebrar las mayordomías en cada uno de los barrios es prácticamente igual. En este caso abordaré más de cerca la mayordomía del tres de mayo del barrio de Tecamachalco, por ser la mayordomía con la cual he tenido mayor convivencia. El barrio de Tecamachalco, cuyo nombre significa "En la quijada de piedra", se ubica en el cuadrante noroeste de la población de San Salvador El Seco, Puebla. Su capilla consta de cuatro partes principales: la primera es el atrio, una generosa superficie que aloja a los feligreses en las ceremonias religiosas, está delimitado por un rodapié sobre el cual se encuentra un barandal de fierro, y tiene una cubierta de lámina para proteger al público de las inclemencias del asoleamiento y la lluvia.

En seguida se encuentra la parte correspondiente al acceso, es una serena puerta de madera, la cual se abre de par en par enmarcada con piedra de recinto, desde su umbral, las jambas, los capiteles, hasta rematar con un arco ojival; a los costados del acceso se ubican los cuerpos de las torres, en una de ellas se encuentra el campanario y la otra guarda la maquinaria de un reloj, que presenta una carátula en cada uno de los cuatro lados de la torre y remata en la punta de ésta con tres campanillas que indican la hora, es un reloj típico de algunas capillas de provincia. Las torre están forradas con piezas de tezontle negro y rojo, y sus aristas y molduras son de cantera roja.

Después del acceso, un sobrio cancel abre paso a la nave principal. En el periodo 2003-2004, un grupo de mayordomos decidió construir una nave lateral, hacia el lado del Curato de la Capilla, actualmente se encuentra en obra gris, y con el paso de los años se terminará la decoración interior; como característica general, ambas naves constan de bóvedas ojivales, sus ventanas también están rematadas por arcos ojivales, y en la nave lateral existe una puerta con vista a la fachada principal, con la finalidad de que en las ocasiones en que se colocan las imágenes el pie del Presbiterio, la gente pueda entrar por el acceso principal, visite las imágenes y salga por la puerta lateral, sin obstruir el paso a los visitantes; la puerta lateral sí construyó a una escala menor que la principal, pero guardando sus proporciones para mantener una correspondencia entre la zona ampliada y la original. Por último se encuentra el Altar Mayor, se trata de un cuerpo cilíndrico construido con piedra volcánica, rematado por un cinturón de linternillas sobre el cual se asienta la cúpula, cual bóveda celeste, cuyo perfil es una ojiva rebajada. En la Capilla de Tecamachalco se venera como imagen principal un Cristo Crucificado, de color negro, conocido como Señor de Esquipula, imagen principal en la mayordomía del día 3 de mayo, en la cual se conmemora la fundación del pueblo.

La mayordomía del día 3 de mayo en el barrio de Tecamachalco, se realiza mediante dos mayordomos, los cuales son nombrados anualmente el día 4 de mayo. Esto es igual en los cuatro barrios. Los mayordomos nombrados preparan la celebración el día 3 de mayo del siguiente año, para lo cual están conscientes de que casi todos los gastos correrán por su cuenta. Ningún mayordomo recibe un salario por la función que desempeña. Para organizar la fiesta, los mayordomos se apoyan en la gente del barrio, de la siguiente manera:

Cada Mayordomo tiene un Diputado, el cual funge como representante del Mayordomo, cuando éste no puede asistir a alguna de las reuniones que se realizan en el transcurso del año, en ocasiones toma decisiones a nombre del Mayordomo y en otras sólo lleva su mensaje a los demás asistentes. Aquí se puede decir que existe el Primer Mayordomo, Segundo Mayordomo, Diputado Mayor y Diputado Menor. Esta es sólo una forma de identificarlos, pero no constituye un orden de jerarquías. Existen agrupaciones para coordinar los eventos que se realizan en el día de la fiesta, entre los que destacan la alfombra de aserrín pintado y adornos con flores para recibir a la imagen en la procesión, la música de banda, los mariachis, el castillo de luces artificiales, y los grupos musicales que se presentan por la noche.

Es obligación de los mayordomos pagar la misa y arreglos florales y artificiales de la Capilla. En el resto de las actividades, los mayordomos deben aportar la mayor parte de los gastos, mientras que los diputados, agrupaciones y público en general, les apoyan con el resto, inclusive llega a darse el caso de personas que voluntariamente donan flor, cohetes, etc. Caso contrario, para los grupos musicales, los mayordomos aportan la menor parte, y la mayor aportación se recolecta en cooperaciones voluntarias de los habitantes del barrio.

Festividad de la mayordomía del día 3 de mayo

Es una tradición, desde los inicios de la comunidad, que el día 2 de mayo, los mayordomos, diputados y personas voluntarias, salgan en procesión llevando en hombros, sobre unas andas, la imagen del Señor de Esquipula, protegida con un palio. También acompañan las imágenes de los Cristos de los días 1 y 5 de mayo. El motivo es recorrer las calles del barrio para recoger, en las casas de los devotos, algunas ofrendas al Señor de Esquipula, las cuales pueden ser flores, cendales, ceras, etc.; o también puede tratarse de aportaciones voluntarias en apoyo a los mayordomos, por ejemplo cohetes, luces artificiales, etc. Este recorrido termina en la tarde, cuando toda le gente que gusta acompañar en la recolección de ofrendas y donativos, lleva a las imágenes hasta la capilla. Por la noche, el Diputado Mayor brinda una cena en su casa a todas las personas que gusten asistir, tanto de ese barrio como de otros barrios.

Al día siguiente, se cantan las mañanitas al Señor de Esquipula, y el Diputado Menor brinda un desayudo en su casa a todo el público que guste asistir. Al medio día, se realiza la Misa Principal al Señor de Esquipula, y al terminar, el Primer Mayordomo brinda la comida en su casa a todos los asistentes. Por la tarde se reúnen en la Parroquia Principal todas las imágenes de los cuatro barrios, con sus respectivos mayordomos, es decir, se cuenta con un total de 16 imágenes, las cuales participan en una misa previa a la procesión que hace su recorrido por la Estación Mayor. El sacerdote es quien encabeza la procesión. Sobre unas andas, las imágenes son llevadas en hombros por los mayordomos y diputados, protegidas por palios, acompañas por música de banda o mariachi, también acompañan las diversas asociaciones de cada barrio portando sus estandartes (Virgen del Carmen, Guadalupanos, Vela Perpetua, etc.), y todo el pueblo acompaña con cantos y alabanzas a manera de coros.

La procesión sale de la Parroquia y se encamina hacia la Capilla del barrio de Tecoac, cuando llegan aquí, se quedan las imágenes de este barrio, y las de los otros tres barrios, continúan la procesión hacia la Capilla del barrio de Quecholac, a su llegada se quedan las imágenes de este barrio, y las de los otros dos barrios continúan su recorrido hacia la Capilla del barrio de Xilotepec, aquí se quedan las imágenes de este barrio y entonces las imágenes del barrio de Tecamachalco culminan la procesión hasta llegar a su Capilla, donde son expuestas al pie del presbiterio para que los fieles puedan pasar a visitarlas y tocarse con ellas, para dar gracias, recibir bendiciones o pedir algún favor, dependiendo de la intención que lleve el creyente en ese momento. Por su parte el Segundo Mayordomo invita a todos los presentes a cenar a su casa. Por la noche se presentan grupos musicales ("famosos" y costosos por cierto) en la explanada de cada barrio, llamadas "parques", hechos explícitamente para esto, donde una gran cantidad de personas acude a divertirse, tanto gente de la comunidad como gente de fuera.

Hay que mencionar que las comidas, cenas y bailes de los barrios, son totalmente gratuitos, y puede acudir toda la gente que quiera, y de hecho lo hacen, pues asisten visitantes de otras comunidades cercanas y de ciudades de los Estados de México,

Puebla, Veracruz, Morelos, Hidalgo, entre otros. Las comidas que brindan tanto mayordomo como diputados, tiene lugar en sus respetivas casas. Este acontecimiento implica que las casas dejen de ser lugares privados y se conviertan en lugares públicos, por ese momento; como las habitaciones no son suficientes para alojar a todos los asistentes, la reunión se extiende al patio y al solar inclusive, en caso de que exista solar. Los patios o solares son cubiertos con lonas para proteger del sol y la lluvia, se amueblan con tablones, sillas y mesas para atender a los invitados, y se decora el escenario con arreglos florales. Se sirve una variedad de platillos y bebidas, amenizando música de banda o mariachi. Estas comidas, en casa de los mayordomos y diputados, son una forma de hacer más íntima la comunión entre ellos y el barrio, sobre todo con aquellas personas que les ayudaron moral, física y económicamente en el logro de su mayordomía.

Toda esta festividad que sucede en estos días, a través de las mayordomías, en la manera en que se ha descrito, es una forma de rito mediante el cual quienes participan se integran en un todo indivisible. Como dice Cassirer, "es un profundo y ardiente deseo que sienten los individuos de identificarse con la vida de la comunidad y con la vida de la naturaleza" [1]. Y claramente se puede apreciar esto cuando alguien dice "vamos a la comida o al baile de Tecamachalco", no dice "vamos a la comida o baile que patrocinó cierto mayordomo", pues todos los habitantes del barrio se convierten en un todo indivisible llamado Tecamachalco, expresado como "capilla de Tecamachalco", "mayordomo de Tecamachalco", "baile de Tecamachalco", etc., "una y la mima sociedad -la sociedad de la vida- es la que incluye y abraza a todos los seres animados y los inanimados" [2], según explica Cassirer.

Este todo indivisible, tiene una organización interna, donde cada quien cumple un deber y una función importante, y sabe que el no cumplir con su deber, afecta gravemente a la fiesta. No sólo se divide la comunidad en barrios, sino que en cada barrio existen diversas funciones y deberes sociales para realizar estas fiestas. Curiosa organización, porque aunque existe convivencia entre los cuatro barrios, los mayordomos y habitantes de cada barrio no deben intervenir en las decisiones de los otros barrios. Analizando con cuidado, en esta festividad se conmemora la fundación del pueblo, es decir una fiesta para el hombre, no para Dios, para celebrar algo que hizo el hombre, con el testimonio de Dios, ¿acaso se puede aplicar, en cierto modo, en este caso particular, la idea de que el primer culto del hombre fue hacia los antepasados, como señala Herbert Spencer [3]? Tal vez por eso existe la obsesión de realizar comidas, música y baile gratuitos para todos, como si fuera una fiesta pagana y no religiosa, pues lo religioso es sólo pretexto para realizar lo profano.

Pero esto ya lo hace el habitante actual de la comunidad de manera inconsciente y por tradición, sin ponerse a analizar de dónde surgió. Pues los ancianos cuentan que desde la fundación del pueblo ya existían estas costumbres. Y quizá este sea la razón "emocional" de establecer explanadas llamadas "parques" para bailar, para desatar todo ese cúmulo de emociones, porque esta trilogía de comida, música y baile es casi inseparable, aunque antiguamente no existían explanadas en los barrios, simplemente se acondicionaban templetes en la calle y ahí bailaba la gente.

En el barrio de Xilotepec existe desde hace tiempo un parque con jardines y kiosco central, típico de los parques de provincia; en sus inicios la banda tocaba en el kiosco y la gente bailaba en lo pasillos y calles alrededor. Sin embargo, como una extraña competencia que siempre ha existido entre los barrios, en el barrio de Tecamachalco, un grupo de mayordomos decidió comprar un terreno ubicado en la manzana opuesta al costado de la capilla, para construir un parque en el cual habría un kiosco, fuentes y áreas ajardinadas, pero como son proyectos costosos y a largo plazo, nunca se llevó a cabo este proyecto, sin embargo se fue imponiendo el gusto de tomarlo como explanada de baile, lo más que pudieron hacer unos mayordomos de diferentes años fue construir un foro, el cual, por cierto, no es ocupado por los grupos musicales que se presentan, pues resulta insuficiente para instalar todo el escenario que presentan estos grupos, también existe una fuente en la esquina, y unos pequeños jardines al pie de la calle, el resto es área pavimentada. Algunas veces hubo personas que quisieron sembrar árboles en este "parque" cuando todavía no estaba pavimentado, pero el gusto por tomarlo como pista de baile hecho por suelo estas intenciones. No es fácil quitar esta obsesión por el baile, pues no se trata del gusto de unos cuantos, sino de toda una multitud. En el delirante remolino de la danza nuestro Yo finito y limitado desaparece, como lo dice Cassirer [4].

Mucha gente está en contra de este despilfarro económico, pero ¿no será que no conocemos el origen de este ritual?, traído por alguno o algunos de los grupos con los cuales se fundó la población, o tal vez fue establecido por los cuatro grupos indígenas desde los inicios de la comunidad. Es tan fuerte el gusto por el baile que actualmente cada barrio tiene su explanada. Pasando a otro aspecto, ¿podría decirse que estas mayordomías son como un ritual de matrimonio? Porque en una boda, hombre y mujer se unen mediante una celebración religiosa (la misa de bodas), después todos los asistentes acuden al banquete, amenizado con música en vivo, para terminar con el baile. En la mayordomía se funden los mayordomos con el barrio, formando una unidad, llamada "barrio de Tecamachalco" o Xilotepec, Tecoac, Quecholac, según sea el caso, y a su vez, los cuatro barrios con sus respectivas festividades integran otra unidad llamada población, El Seco. También lo hacen mediante una misa, después la comida y finalmente el baile. En ambos casos no se une el ser humano con Dios, sino con otro ser o seres humanos, teniendo a Dios como testigo. Sin embargo, cada mayordomo no se funde eternamente con el barrio, sino que sólo es por un año, y cada año se renueva ese mayordomo y no debe ser nombrado nunca más, tal como sucede en la naturaleza, donde todo se renueva y lo que existió no vuelve a existir jamás, los ciclos de vida de la naturaleza son trasladados a los ciclos de vida de la sociedad humana, como dice Frazer [5].

Dios no es testigo pasivo de la fiesta, pues cuando un mayordomo es nombrado, él cree que fue Dios quien lo eligió para servirle ese año, y cree que si rechaza la mayordomía, Dios lo castigará con algún tipo de enfermedad o accidente, a él o a alguno de sus familiares. Se cuenta que casi nadie ha rechazado la mayordomía desde los orígenes de la comunidad, y quienes lo han hecho, han padecido algún tipo de desgracia en su salud o economía, esto no se sabe si es coincidencia o "castigo", si se considera castigo, sería como creer en esos seres espirituales que menciona Tylor [6]. Pero la parte favorable, es la creencia de que al hacer la mayordomía, aunque se hacen muchos gastos por parte del mayordomo, éste recibirá devuelto y multiplicado cuanto haya gastado, mediante bendiciones, por haberle servido bien a Dios, quizá en con esto quiera justificarse ahora el despilfarro en estas fiestas.

Existe un gran respeto y devoción por el Señor de Esquipula, imagen principal de la Capilla del Barrio de Tecamachalco. Tal vez sea este un caso de sincretismo religioso, pues la gente se dirige a él como el "negrito" y no como "morenito", para diferenciar inconscientemente que no se refieren al color de su piel sino a lo que representa. Aquí insertaré un texto alusivo: "Yacatecuchtli, Señor de la Nariz, era la deidad mexica patrona del comercio. A este dios, plasmado en el Códice Féjérvary-Mayer, también llamado Tonalámatl de los pochteca, se le representaba con el cuerpo pintado de negro, el área de la boca en rojo y un prominente apéndice nasal. El signo que tiene forma de equis, atrás de la deidad, significa una encrucijada de caminos, y las huellas de pies humanos, viaje, en este caso, comercial." [7] "Ek Chuac, Estrella Negra, dios maya del comercio, aparece en el Códice Madrid con el cuerpo pintado de negro y el área de la boca en rojo. En su cabeza lleva unas cuerdas, símbolo de las que usaban los comerciantes mayas para atar los bultos en que transportaban las mercancías." [8]

Si a esto agregamos que entre 1560 y 1570 se fundó la población de Esquipulas, en Guatemala, región donde se veneraba a Ek Chuac, y actualmente aquí se venera al más famoso y popular de los Cristos negros de Mesoamérica, podría suponerse que tal vez el barrio de Tecamachalco, en El seco, fue fundado por algún grupo proveniente de esta región, debido precisamente, a su actividad comercial, lo cual los hacía llegar hasta lugares muy distantes, y quizá hasta aquí se trajeron su deidad, y aquí también ocurrió el sincretismo, pues hay que recordar que El Seco se fundó en 1557; razón por la cual le llamen "el negrito" aludiendo a la Estrella Negra, Ek Chuac, y no al color de la piel del Cristo. Inclusive puede ser que el Señor de Esquipula del barrio de Tecamachalco, en San Salvador El seco, Puebla, México, no haya estado aquí desde la fundación del pueblo, sino que alguien lo trajo después, desde Esquipulas, Guatemala.

Cabe mencionar que antes de la Conquista española, el actual municipio de Esquipulas, era ya conocido como Yzquipulas, región poblada en sus inicios por los toltecas que dieron origen a los indígenas Chortí [9]. El nombre de Esquipulas según la etimología que proporciona el cronista Francisco Fuentes y Guzmán podría derivar del náhuatl, que significa "Tierras Floridas" [10] Respecto a la imagen del Cristo de Esquipulas, Domingo Juarros y Montúfar señala lo siguiente: "A lo largo de la historia han existido diversas teorías sobre el origen de la Bella Imagen del Señor de Esquipulas, todas ellas son falsas ya que hay constancia histórica del documento en el que consta que la imagen del Señor de Esquipulas se mandó a esculpir en el año 1594 y fue entregada por Quirio Cataño el 4 de octubre del mismo año. El documento original estuvo durante muchos años en la Parroquia de Quetzaltepeque, entre los libros parroquiales, hasta que en una visita pastoral el Ilmo. Señor Obispo de Guatemala y de la Verapaz don Fray Andrés de las Navas mandó se sacara una copia del contrato original que se encontraba muy maltratado" [11]. No es la finalidad de este documento, profundizar sobre el tema del Señor de Esquipula, sin embargo puede resultar como una sugerencia para que alguien, más documentado al respecto, tome este tema de investigación para proponer la relación que existe entre el Señor de Esquipula, venerado en la Capilla del Barrio de Tecamachalco, Puebla, México, y el Cristo de Esquipulas, Guatemala.

Mayordomos del mes de mayo en San Salvador El Seco, Puebla

Como he mencionado, la celebración de las mayordomías es encabezada por unas personas llamadas mayordomos. Aquí profundizaré un poco sobre el perfil que distingue a estos personajes que pueden llegar a ser factor de cambio en la población; me centraré en los mayordomos del barrio de Tecamachalco, porque han sido las personas con quien más comunicación he tenido a través de los años. El nombramiento de los mayordomos de los días 1, 3 y 5 de mayo, se realiza en la tarde del día 4 de mayo de cada año. Para cada mayordomía se nombra a dos mayordomos. Los habitantes de cada barrio se reúnen en sus respectivas capillas para conocer a los mayordomos del siguiente año.

Los mayordomos del año anterior, llamados mayordomos salientes, hacen una lista con los nombres de los mayordomos propuestos para el siguiente año y se la entregan al sacerdote, quien hace la lectura de dicha lista ente todo el público, este hecho es el que marca, o casi marca oficialmente el nombramiento de los nuevos mayordomos, pues esto también depende de que la persona nominada acepte la mayordomía, ya que siempre existe la posibilidad de rechazarla, inclusive se puede rechazarla y han existido personas que lo han hecho, lo cual es muy raro, porque una vez hecha la lectura pública por parte del sacerdote, se considera casi como un nombramiento divino. Por esta razón es que los nuevos mayordomos, consideran que, aunque fueron nominados por los mayordomos salientes, en realidad fue Dios quien los eligió para servirle durante ese año. Como dice Carlyle, "la autoridad que lleva consigo (el mayordomo) le viene de Dios" [12].

Esta autoridad consiste en ser el responsable de cuidar los bienes muebles de la Capilla, sobretodo la imagen de la cual es mayordomo, sus vestiduras, así como los objetos de arte sacro, hasta incluir el mobiliario y los adornos de la Capilla. Debe vigilar y conservar el buen estado de la Capilla y del "parque" o explanada de este barrio. Es tradición que cada generación de mayordomos realice alguna obra de decoración en la capilla, o de mantenimiento o remodelación del parque, esto no es una obligación, pero algunos mayordomos lo hacen. Y las otras funciones son organizar y dirigir las actividades del día de la mayordomía, tales actividades son: la misa principal, las comidas, la música de banda y mariachi, las alfombras y adornos florales para la procesión, el castillo de fuegos artificiales, los grupos musicales que se presentan en la noche, entre otras actividades; para esto se apoyan en sus diputados y comités organizadores, pero son los mayordomos quienes deben vigilar que todo esté bien organizado.

Ser mayordomo constituye un gran reto y un gran honor para quien sabe serlo. La dignidad que inviste el mayordomo es la fuente de sus ideas, la directora de su proceder y la motivación de su ánimo. La mayordomía es la oportunidad que tiene una persona para exteriorizar sus ideas ante el barrio, oportunidad de sacar a flote sus virtudes, de motivar a la población del barrio a que se una a sus ideales y así, todos juntos, dejar una huella de su paso por la capilla. El mayordomo sabe todo esto, pues durante ese año se convierte en blanco de críticas o aplausos, dependiendo de sus ideas y de su proceder con la gente, quien lo apoya o lo censura.

La reacción del mayordomo ante este escenario definirá el éxito en su mayordomía para pasar a la historia como un buen mayordomo, o quedarse como el insulso personaje que nadie recuerda. Hay una variedad de personajes que han pasado a la historia como buenos mayordomos. Aquí mencionaré sólo algunas de sus obras para poder ilustrar sus virtudes. Las cuales con identificadas por Carlyle [13] como cualidades de héroes, y son: compromiso con el cargo para el cual fueron nombrados, gran fuerza moral, intensidad en las cosas que hacen, sinceridad, fuerza de voluntad, actitud visionaria, una fe llena de sentimiento, entendimiento e imaginación, lo que proporciona una firme confianza en lo que se hace; todo esto marca épocas de prosperidad, que dejan beneficios para las nuevas generaciones.

Se sabe que la capilla del barrio de Tecamachalco no siempre ha sido la construcción que ahora conocemos, sino que antiguamente era una pequeña capillita, conocida como ermita, hasta que un grupo de mayordomos se decidió por erigir la actual capilla, en una primera etapa a principios del siglo XX. Con unan gran fe por realizar esta construcción, fue como lograron motivar a la gente del barrio para que se uniera a esta causa. Como en cualquier proyecto hubo quienes estaban en contra de él, pero hubo muchos otros que apoyaban el propósito, y fueron estos últimos los que ayudaron los mayordomos, económicamente o con faenas de trabajo personal, hasta terminar la construcción. La fe inquebrantable de estos mayordomos hizo posible dicha construcción. Caso muy semejante al que se enfrentaron los mayordomos del periodo 2003-2004 cuando decidieron agregar una nave lateral a la capilla. También existían opiniones en contra de este proyecto, inclusive la apatía de otros mayordomos; sin embargo, quienes iniciaron este proyecto nunca se desanimaron y con una admirable decisión empezaron la construcción; le plantearon sus ideas al público que les prestaba atención, y muchas personas se unieron a participar con jornadas voluntarias de trabajo, había también quienes donaban material de construcción y por supuesto mucha gente cooperaba económicamente de acuerdo a sus posibilidades.

Ahora que la construcción está terminada, nada más les queda a las nuevas generaciones de mayordomos terminar la decoración. Estas etapas constructivas de la capilla son las que han creado opiniones encontradas entre los habitantes del barrio, porque siempre sucede que en el inicio todos desconfían de la capacidad económica y organizativa de lo mayordomos, y después, cuando se ha terminado la construcción, surgen comentarios como los de aquellas personas que dicen "yo ya tenía pensado hacer esa construcción desde hace muchos años", "yo hubiera hecho otro diseño", "yo demolería esa construcción y haría una nueva", y sin embargo uno se pregunta "¿por qué no lo hicieron o por qué no lo hacen?" Quizá porque sus ideas ni tienen fundamento, porque en su expresión se encierra la envidia, la apatía y la impotencia de no poder hacer nada, porque no son sinceros sus pensamientos. El pensamiento, si es profundo, sincero, auténtico, tiene la fuerza de hacer maravillas, como señala Cassirer [14].

Otro ejemplo es la actual explanada, llamada "parque", este espacio público, surgió porque lo mayordomos se dieron cuenta que la población necesitaba una explanada para bailar en las fiestas del mes de mayo, y los grupos musicales necesitaban un buen escenario para hacer sus presentaciones, pero unida a esta idea se encontraba la intuición de que ese "parque" se convertiría en una explanada de usos múltiples y que traería beneficios a la comunidad por ser un lugar de esparcimiento. Efectivamente este parque ha sido testigo de presentaciones de "famosos" grupos musicales, donde la gente se divierte bailando hasta el amanecer, aquí el público se divierte mucho mejor que una discoteca o cualquier otro antro, porque en el parque la entrada es libre y gratuita, asisten niños, jóvenes y ancianos, hay una gran variedad de puestos de comida y bebida en las calles para quien se le abre el apetito durante el evento, lo bueno es que aquí no se exige consumo mínimo.

Pero lo más importante es que el parque y el baile son de todo el barrio, de todo el pueblo y de todos los visitantes, y no de ningún particular. Este parque ha sido escenario de ceremonias cívicas, de graduaciones de algún Jardín de Niños. Muchas personas entre niños, parejas de novios y familias completas se han tomado fotografías en la fuente que está en su esquina, se trata de una obra de piedra labrada por los artesanos del barrio, cargada de simbolismo y muda precursora de la unión familiar. Es el foro preferido por muchos candidatos políticos tanto municipales como estatales y federales. Es una cancha de usos múltiples. Y por supuesto, el escenario donde se realizan las representaciones de la Aparición de Nuestra señora de Guadalupe.

Toda esta multiplicidad de funciones ya la habían contemplado los mayordomos que compraron el predio a mediados de la década de 1980. Fueron sin duda unos visionarios, que lograron motivar a todo el barrio para emprender y consolidar esta empresa, personajes "cuyo pensamiento formulado en palabras despierta la soñolienta capacidad de todos para el pensamiento" [15]. Así como estos ejemplos existen muchos más, como las obras del atrio de la capilla, las decoraciones que se han hecho al interior de ésta, el revestimiento de las torres, la colocación de relojes, la pavimentación de las calles comprendidas dentro del tramo de la capilla y el parque, etc; estos son únicamente los más destacados ejemplos que he traído a colación para ilustrar las virtudes heroicas que puede afianzar un mayordomo, no tanto para vanagloriarse de sus acciones, sino porque ha comprendido con humildad el importantísimo papel que puede desempeñar como reformador de su época, transformando el espacio urbano y arquitectónico, logrando una transformación en la ideología de su barrio e inclusive de toda la comunidad. Es algo que ningún funcionario puede hacer, porque no cuenta con el apoyo incondicional de toda la comunidad. El mayordomo, con su fuerza moral, puede motivar a la población para que se una en la consecución de un proyecto de beneficio común para todos, siempre y cuando todos crean y tengan fe en ese objetivo, y estén seguros de que los resultados no serán pasajeros sino que prevalecerán en beneficio de los nuevas generaciones. "Todas la épocas en las que prevalece la creencia, cuales quiera que sea su forma, son espléndidas, elevadas de ánimo, fructíferas par los contemporáneos y para la posteridad." [16]

Conclusiones

Como arquitecto considero que es importante el conocimiento y respeto por los ritos porque mediante ellos las poblaciones expresan las necesidades y deseos que tienen por los emplazamientos urbanos y los objetos arquitectónicos de uso público. La manera en que se realiza un rito muestra las pautas de diseño que el arquitecto debe tomar en cuenta para hacer su propuesta de diseño; estas pautas se descubren observando e incluso participando en los ritos. La práctica de un rito se impone sobre las normas de conducta establecidas en una sociedad. Caso concreto, cuando las calles se cierran a la circulación vehicular debido a una procesión de tipo religioso, son muestra de un suceso que sobrepasa el reglamento de tránsito.

Existe una fuente de oportunidades para el ejercicio profesional de los arquitectos en las comunidades de provincia, que es donde se practica con mayor intensidad una gran variedad de ritos. Lo único que el arquitecto necesita es afinar su capacidad de observación y su sensibilidad para descubrir las necesidades y los deseos urbano-arquitectónicos que los propios ritos manifiestan; pues el éxito que el arquitecto tenga en el planteamiento de su proyecto arquitectónico ante la comunidad, depende de haber comprendido bien la manera en que se practica el rito. Porque hay que aclarar que en la mayoría de estos casos, el arquitecto es quien debe sugerir el proyecto a la comunidad y no esperar a que ésta se lo solicite; en esto interviene la creatividad del arquitecto.

Respecto a lo mayordomos, se puede decir que la paternidad de la arquitectura pública, como son la Capilla y el parque, se encuentra precisamente en individuos llamados de alguna manera "buenos mayordomos", refiriéndose a quienes han destacado a través de la historia de las mayordomías por ser personajes comprometidos con el cargo que ocupan y para el cual fueron nombrados, hombres visionarios, con una gran fuerza moral, una sincera y profunda fe en la imagen del Cristo del cual son mayordomos, cuya fe les proporciona una impresionante fuerza de voluntad y una firme confianza en lo que hacen, y lo cual ha dado como resultado el desarrollo de los espacios urbano-arquitectónicos.

Si el arquitecto comprende todo esto, puede identificar a los verdaderos generadores de la cultura, los detonadores del espacio arquitectónico. La mayoría de los mayordomos se involucra en la práctica de las mayordomías antes de ser nombrados mayordomos, eso es lo que les facilita identificar claramente las necesidades y deseos que la población tiene con respecto a lo espacios urbano-arquitectónicos, en los cuales se llevan a cabo estos ritos. Estas personas son las que promueven la realización de los proyectos, de aquí que el arquitecto debe comprender la idiosincrasia de los mayordomos para poder, en principio, participar en el proyecto arquitectónico y, por último, dar una propuesta de diseño aceptable.

Notas

1. Cassirer, Ernst, "El Mito del Estado", México: Editorial Fondo de Cultura Económica, 2004, p. 49.
2. Cassirer, op. cit., p. 51.
3. Citado por Cassirer, op. cit., p. 29.
4. Cassirer, op. cit., p. 53.
5. Cassirer, op. cit., p. 52.
6. Cassirer, op. cit., p. 15.
7. Navarrete Cáceres, Carlos, "El Cristo negro de Tila, Chiapas", Revista Arqueología Mexicana, México: Editorial Raíces, Volumen VIII, Número 46, Diciembre de 2000, p. 64.
8. Ídem.
9. Villeda Maderos, José Romilio, La Unidad Básica de Servicios Sociales U.T.M., Municipalidad de Esquipulas-Chiquimula, agosto 2003. Recuperado de http://www.esquipulas.com.gt/historia.htm.
10. Ídem.
11. Juarros y Montúfar, Domingo, "Compendio de la Historia de la Ciudad de Gautemala, Guatemala: Biblioteca de la Academia de Geografía e Historia de Guatemala, 2000, Vol. XXXIII, pág. 431.Recuperado de http://www.cristodeesquipulas.com/datos_cristo.htm.
12. Carlyle, Thomas, Sartur Resartus, libro III, cap. VII, I, 198. Citado por Cassirer, Ernst, El Mito del Estado", México: Editorial Fondo de Cultura Económica, 2004, p. 225.
13. Carlyle, op. cit., pp. 256-259.
14. Cassirer, op. cit., p. 257.
15. Carlyle, Thomas, Citado por Cassirer, op. cit., p. 257.
16. Goethe, Citado por Cassirer, op. cit., p. 259.

Bibliografía
Cassirer, Ernst, "El Mito del Estado", México: Editorial Fondo de
  Cultura Económica, 2004.
Navarrete Cáceres, Carlos, "El Cristo negro de Tila, Chiapas", Revista
  Arqueología Mexicana, México: Editorial Raíces, Volumen VIII,
  Número 46, Diciembre de 2000.
Juarros y Montúfar, Domingo, "Compendio de la Historia de la
  Ciudad de Gautemala", Guatemala: Biblioteca de la Academia
  de Geografía e Historia de Guatemala, 2000, Vol. XXXIII, pág.
  431.Recuperado   de   http://www.cristodeesquipulas.com/
  datos_cristo.htm.
Villeda Maderos, José Romilio, La Unidad Básica de Servicios
  Sociales U.T.M., Municipalidad de Esquipulas-Chiquimula,
  agosto 2003. Recuperado de http://www.esquipulas.com.gt/
  historia.htm.

El templo creado en el mito

IRASEMA GALLO RAMÍREZ

"Lo sagrado es una cualidad de las cosas que no poseen por sí mismas y que una gracia mística les concede. El ser u objeto consagrado puede no sufrir ninguna modificación aparente, sin embargo su transformación es absoluta. Ya no es posible utilizarlo libremente. La fuerza oculta en el hombre o en los objetos consagrados está siempre pronta a propagarse fuera, a derramarse como un líquido o a descargarse como la electricidad. Dispone para atraer de una especie de fascinación... De lo sagrado espera el creyente todo el socorro y todo el éxito. Es indivisible y está siempre allí donde se halla".
Roger Callois, *El hombre y lo sagrado,* 1942.

Templum, es un término de origen latino que se relaciona directamente con el vocablo griego témenos, que significa recinto sagrado ó sitio reservado a una deidad. El termino iglesia procede del termino *eklesía* que significa reunión ó asamblea. Este término determina una acción comunitaria, de participación grupal. En cambio, el término templo se refiere al espacio arquitectónico en sí. "La arquitectura nace como una necesidad del espíritu que ésta presente en el mundo; lo que es propio del mundo ya tiene en el mundo las condiciones para realizarse; pero el espíritu que anida en el mundo necesita modificarlo para realizarse como unión substancial de carne y espíritu, para dar cabida a las necesidades nuevas (espíritu-corporales) que trae consigo". El templo congrega estas categorías de lo sagrado que lo convierten en objeto místico. Según las escrituras bíblicas: "El altísimo no habita en edificios construidos por los hombres", (Is 66,1s) Jesús al enemistarse con el templo y sobre todo con la teología del templo dice: " Destruid este templo y en tres días lo levantaré" (jn2, 19) Y se propone como único y nuevo templo manifestado en la hostia consagrada que habita en el templo. Por ello se dice que el templo es la casa de Dios, y el hombre acude a esta casa para establecer con él un diálogo, el templo es el signo del dialogo con Altísimo. Con el análisis del templo católico, se pretende llegar a tener una idea más clara de lo que este edificio es, más allá de la tipología y de su historia formal.

Contexto socio-histórico
El hombre busca la trascendencia del sí mismo mediante el ámbito

de lo sagrado, en torno al poder, al misterio o a lo religioso. Para ello sacraliza objetos, tiempos, personas, acciones y espacios. Sacraliza espacios para distinguirlos del resto del mundo. El templo católico es uno de estos objetos, por lo que centraremos la reflexión en este espacio que es lugar de dialogo con Dios. El templo cristiano es la expresión de la religiosidad del pueblo que lo construye. Es "el compromiso con el evangelio, con Cristo, el cual implica un compromiso con el hombre, con la justicia y con la paz, para ello los templos tienen que manifestarla, y dejar que de ser monumentos ajenos a la realidad cotidiana del mundo". Por eso, para comprender al templo en su historia es necesario también comprender la historia de la salvación. Para la religión católica este concepto surge del dialogo de Dios con su pueblo y se formaliza al establecer un pacto de alianza con la humanidad a través de Abraham, al ofrecerle vida eterna al pueblo peregrino.

Dios ofrece a Abraham un pacto de alianza al constituir el pueblo peregrino, "Mantendré mi pacto contigo y con tu descendencia, en futuras generaciones, como pacto perpetuo. Seré tu Dios y el de tus descendientes futuros, Os daré a ti y a tu descendencia futura la tierra de tus andanzas como posesión perpetua. Y seré su Dios." (Gn 17, 7s). Con esta alianza surge la legislación sobre la relación del hombre con Dios, sobre el culto (Ex 23, 14-19) y sobre el altar (20-22-26). La importancia del lugar donde se realiza el culto es relevante. Moisés bajo y contó al pueblo todo lo que había dicho al Señor, todos sus mandamientos y el pueblo accedió a hacer lo que les comunicaba el Señor. Entonces Moisés puso por escrito todas las palabras del Señor; madrugó, y levantó un altar a la falda del monte y doce estelas por las doce tribus de Israel. (Ex 24, 3s).

Una vez dadas las nuevas condiciones del Señor, el pueblo que viajaba en busca de la tierra prometida requería un lugar de culto que permitiera el dialogo y contacto con el Señor; este lugar debía tener la característica de ser móvil, como el campamento. Dios había prometido a Moisés, "Yo estaré contigo" (Ex 3, 12). Es mediante el tabernáculo, santuario portátil que se convierte en el lugar de encuentro con Dios. En él albergan el arca de la alianza, signo del pacto con Dios, centro de culto, trono de Dios (Sal 80,2; 1 Sa 4,4) y santuario de su palabra.

El santuario o tabernáculo media quince por veinte centímetros aproximadamente, según la descripción bíblica (Ex 26 y 27) era de lonas de lino, color púrpura, roja y escarlata, con la cubierta de tejido de pelo de cabra. Su estructura era de madera. Su interior estaba dividido por una estructura que separaba el santo del santísimo. En el último se colocaba el arca, y en el Santo la mesa de los panes y el candelabro de los siete brazos. El santuario tenía un vestíbulo y un atrio de quince por veinte centímetros, con el altar de lo holocaustos. Su sistema constructivo y apariencia debieron ser similares a las tiendas que utilizan actualmente las tribus nómadas del desierto, pero por su tamaño, cuidado y riqueza debió destacar del conjunto de tiendas del pueblo de Israel en peregrinación. Aunque se le llamaba tienda de reunión, el pueblo no entraba a su interior, ahí se consultaba a Yahvé y él pronunciaba sus oráculos. Sin embargo aún no había presencia personal de Dios en el espacio, ya que no se había manifestado. Por eso se dice que el primer templo fue el de la tradición judeo-cristiana el del dialogo con Dios por medio de Moisés y el símbolo de ese dialogo son las doce piedras que colocó Moisés ante el monte.

Los primeros templos ubicados en Jerusalén mantuvieron las características del tabernáculo; es David quien concibe la idea de crear uno de piedra como los paganos, y este templo se construye mediante tres etapas de constante destrucción. Sin embargo se mantenía la distribución del esquema tabernáculo. Este templo de tipologías monumentales y de exuberancia ornamental, su característica de palacio de fortaleza contrastaba con la modestia del tabernáculo. La sinagoga, elemento utilizado por los judíos constituye un antecedente del templo, ya que Dios se hace presente en la celebración comunitaria de la palabra. La sinagoga es un lugar sagrado más pequeño que el templo, y sin carácter sacrificial. Tampoco pretende ser morada de Dios. Cristo le da nuevo sentido al antiguo Testamento, le da su carácter de casa de oración al templo de Jerusalén lo considera casa de oración (MT21, 12) y casa de su Padre. "Anuncia la destrucción del templo (MY24, 2) y prepara a sus discípulos para que comprendan cuál es el nuevo y verdadero templo". Esto es resultado de la nueva concepción de centra el culto en Cristo, en su iglesia y en los sacramentos. Desde entonces, Cristo se convierte en el único templo y permanece en la Eucaristía y en la comunidad que se constituyen como piedras vivas cuya piedra angular es Cristo. (Pedro es la piedra angular de la Iglesia, el primer Papa). Entonces el templo es: el lugar donde se reúne la comunidad cristiana en torno a la eucaristía, sacramento religioso del Dialogo con Dios.

El lugar para realizar el rito era indiferente, sólo se necesitaba una mesita para depositar las sagradas especies y un recinto para la asamblea del pueblo. De estos dos elementos, cuando las circunstancias históricas fueron más propicias, se inició la evolución de la arquitectura y el arte cristianos. Jesús instituye la eucaristía al celebrar la cena de Pascua; este es el acontecimiento central de la vida cristiana; se inicia la historia de la liturgia e indirectamente la historia del arte cristiano. La liturgia es la vivencia existencial del misterio de Cristo. Y el espacio donde se realiza la liturgia es arquitectónico, de ahí que se relacione con la obra de arte, ya que los espacios y elementos utilizados pueden ser diseñados; los resultados a través de la historia han sido impresionantes. El templo ha sido espejo del tiempo histórico en que fue construido. Representa la síntesis de las realidades económicas, políticas, sociales y culturales.

A través de la historia, ha adquirido diversas formas, desde la basílica cristiana que retoma del edificio romano destinado a actividades comerciales y judiciales; al bizantino que desarrolla una planta circular u octagonal, con una cúpula central no sólo ubicada ahí por razones constructivas, sino también de sentido cosmogónico. En el Románico del S.XI, se da la unificación de la liturgia y la arquitectura. En la arquitectura la fusión de los elementos bizantinos y latinos, originan esta expresión. En la liturgia se destacó el espíritu individualista, y en el arte el aspecto humano de cristo, su pasión y su muerte más que su resurrección. En el gótico, la catedral era la casa de Dios, casa de los hombres y reflejo de la prosperidad económica; a diferencia de la basílica bizantina que era la expresión de la gloria de la iglesia y el poder. En el gótico se mezclaba lo espiritual y lo temporal, lo sagrado y lo profano. En el siglo XVI el hombre, desligado de la vida orgánica y mística de la Edad Media, experimenta la tremenda sacudida del humanismo y en la búsqueda de sí mismo, crea en la arquitectura renacentista un estilo apto para las más fastuosas ceremonias y se aplica el estilo grecolatino al culto cristiano, el carácter monumental se reduce al uso de elementos decorativos.

En el barroco, el concilio de Trento ocasiona las acciones extralitúrgicas de los fieles. Este estilo logra expresar un triunfo de la iglesia católica ante el protestantismo. Es en el templo mexicano donde esta expresión alcanza su máximo esplendor. Después de esta etapa, resurgen las expresiones del pasado como el románico, el neogótico, el neoclásico, entre otros, como la expresión formal del templo. Con la llegada de los españoles a México, surgió una nueva tipología de santuarios.

El afán de conquistar la ideología teológica, incorporó espacios nuevos a estos edificios; tales como los atrios, las cruces en el atrio, las capillas pozas y las capillas abiertas, las pilas bautismales, entre otros, los cuales dieron sentido a la historia que iniciaba una fase en su interrumpida evolución. Los religiosos tenían ante sí un reto enorme que debían superar o al menos igualar, para demostrar la trascendencia de la doctrina que predicaban y de la sociedad que representaban. De esta manera fue como las constantes búsquedas arquitectónicas provocarían una de las más grandiosas expresiones de este género. La intención con la que fueron concebidos estos edificios fueron las de causar en los indígenas admiración y respeto, hacia este nuevo género de edificio. Para ello, los templos fueron diseñados sobre montículos naturales o artificiales, para referir una imagen de fortaleza.

El aspecto externo del conjunto del templo tuvo su inspiración en la idea utópica de la Jerusalén Celeste que, como símbolo litúrgico, se concebía como "la fortaleza espiritual de la iglesia militante". Estas edificaciones querían "igualar" lo profundo y complejo de las creencias del mundo mágico y mítico que los indígenas mesoamericanos manejaban por generaciones. Por su parte los europeos nutrían este mundo de simbolismo con la mezcla de tradiciones que se dieron en la península ibérica, las cuales mostraban los conceptos mahometanos de la proporción y la belleza, del espíritu de la reconquista cristiana, de las cruzadas y del mudéjar con sus formas para eliminar el "horror al vacío". Composición y decorados de mezclas mudéjares, góticas, renacentistas, platerescas y románicas fueron transformados por el ingenio de la mano de obra indígena.

El conjunto del templo estaba conformado por un amplió atrio o patio procesional, un templo, la capilla abierta, el baptisterio, el convento y los colegios. La capilla abierta es una aportación mexicana a la solución de espacios religiosos para atender grandes multitudes. Se originó a partir de la necesidad de satisfacer las formas de vida de la comunidad cristiana, quienes en sus ritos no penetraban al espacio cerrado. El culto exterior, de gran arraigo en los pueblos mesoamericanos, fue determinante para el diseño del atrio y los elementos del ritual externo de los que se dotó a las construcciones.

Una vez concluido el periodo de la conquista y afianzada la evangelización que cubría a casi la totalidad de los nativos. Surge una nueva propuesta tipológica del templo. Éste mantiene su concepto de identificación en el contexto urbano por su escala sobresaliente y su estructura pétrea que encajona el espacio interno. En el interior, mantiene un eje longitudinal que parte de la puerta y culmina en el presbiterio. La cúpula aparece como un elemento que enfatiza el enlace entre el eje de la nave y el eje que da origen al crucero ubicado como preámbulo del altar. Las cúpulas caracterizan el interior de la mayoría de los nuevos templos fungiendo no solamente como la nueva categoría formal del templo novohispano, sino también de un código de símbolos en el interior, ya que llegaron a aducir la entrada de luz por estos espacios como manifestación divina. La techumbre de la nave fue por lo general una bóveda corrida con apoyos intermedios (generalmente arcos). Durante los tres siglos de la colonia, se edificaron más de quince mil templos con diversidad formal y respuesta particular al rito católico. El templo barroco se separa del modelo europeo y acentúa su calificación de "mixto", la alteración del clásico griego del renacimiento por un clásico aún más antiguo: el clásico del templo de Salomón, según las descripciones bíblicas, dio paso a un barroco rebelde que descubre nuevos espacios en las formas que convierten al soporte en algo únicamente decorativo, y no en la esencia misma de la estructura arquitectónica.

En el siglo XVIII, las reformas borbónicas marcan la arquitectura de la producción del templo en esta época. Su caracterización formal se nutrió de los órdenes clásicos de arquitectura civil. Sus formas eran austeras, proporciones medidas y "normas estéticas de buen gusto" que conformaban la expresión del templo católico. Algunos elementos tipológicos fueron retomados e insertados en el templo, utilizando frontones, columnatas y remates de sabor grecorromano. Los retablos barrocos fueron sustituidos por altares y baldaquinos de corte neoclásico. En la época del periodo conocido como *porfiriato*, las construcciones en general estaban basadas en la producción de las modas europeas. Los templos no escapaban a esta situación.

Las tipologías de este periodo iban desde templos de planta bizantina, románica o neogótica a las combinaciones de acabados en cantera, mármol, hierro o granito. Todo con el fin de dar una imagen de modernidad y solidez, pretendida por este periodo. Después de la revolución, la arquitectura posrevolucionaria dio apertura a nuevas ideas formales. Los templos se ven influenciados por "los estilos", desde el *art-deco* hasta la sobriedad de los estilos posmodernos que renuncian a la ornamentación e incursionan en la abstracción geométrica. Las nuevas tecnologías son aplicadas en este género de edificios, y comienza una etapa donde las tipologías del pasado son sustituidas por nuevas y creativas formas de expresión. Aunado con esta corriente internacional, aparece el Concilio Vaticano Segundo, el cual transforma la liturgia católica. El rito tiene una nueva condición en donde señala el renacimiento del arte religioso en el seno de la iglesia católica, por ello este documento pretende dar recomendaciones de la estructura de los templos, y de la significación de los elementos que lo componen.

El templo contemporáneo forma parte de la palabra que el hombre dirige a Dios y es el ámbito en el que se desarrolla el diálogo formal y real, el diálogo litúrgico con Dios. Sin embargo no podemos pretender dotar de religiosidad a un templo sólo por los estilos históricos que en él se manifiestan. Es mediante las reformas de Pio XII, a través de las cuales nuevos planteamientos y soluciones arquitectónicas han sido aplicados a este género de edificio. La renovación litúrgica vino a impregnar de nueva vida a estos edificios.

Este es el panorama general de la existencia del templo a través de la historia, sin embargo es importante recalcar que algunas de estas expresiones mucho o poco han contribuido al dialogo con Dios; es decir, a ser ese medio de comunicación.

La iglesia en México con sus características tan peculiares, consiste en la expresión materializada de una serie de simbolismos históricos que van desarrollándose y transmitiéndose de generación en generación. Los valores habrán cambiado, la sociedad, la cuidad, la realidad; pero el respeto y asombro ante un templo del siglo XVII o de nuestra realidad (si es que los hay), continua vigente si entendiéramos la voluntad creadora que se expresó hace unos siglos. Descubrir la atemporalidad y eternidad de estos edificios es redescubrir las raíces y descubrir el presente. El cristianismo no desarrolla una arquitectura cristiana; nunca ha existido tal. Toma los elementos arquitectónicos y artísticos en general que la cultura le ofrece y los utiliza en función de necesidades propias.

El mito

El mito es el elemento épico de la primitiva vida religiosa, el rito es su elemento dramático. Tenemos que empezar estudiando al segundo para comprender el primero. El hombre, desde sus orígenes no ha podido vivir en el mundo sin un intento por comprenderlo. El mito surge de la profundidad de las emociones, donde el hombre manifiesta la expresión de un sentimiento que convierte en imagen. Es mediante la expresión simbólica como el hombre plasma este cúmulo de emociones y mediante el mito, es como el hombre crea un efecto calmante entre la comprensión de la vida actual y la muerte. Cada pueblo cuenta con una serie de mitos que lo identifican, la mejor manera de conocerlo es analizando sus ritos. Los postulados del catolicismo se mantienen vivos por medio del rito, se encarna y reencarna a Jesucristo Salvador del mundo. Es tan contemporánea como milenaria la ejecución del acto ritual de la misa.

En el templo cristiano es donde se desarrolla este rito litúrgico, culto oficial de la iglesia, celebración de la eucaristía y audición de la palabra de Dios. Es en la celebración litúrgica, mediante los sacramentos, en donde se da el punto culminante de la vida religiosa, en su encuentro con Dios; es en este ritual donde sucede lo que señala Cassirer (1947), "cuando el hombre ejecuta un ritual religioso o una ceremonia, no se encuentra en estado de ánimo puramente especulativo o contemplativo. Vive una vida de emociones, no de pensamientos". Se transporta al Dialogo con Dios en su interioridad para tratar de saciar su ansiedad y necesidad de infinitud. Por medio de la teología de la revelación y reflexionando en la fe, el hombre penetra en el misterio de Dios, conoce el origen y destino divino de la creación, el origen y destino del hombre. Se marca respuestas ante las interrogantes que le agobian.

En el templo, las experiencias del espacio sagrado se presentan según la relación con Dios que plantea la doctrina del tiempo y el mito. En el transcurso de la historia, se ha presentado a la divinidad como distante y terrible o bondadosa y cercana, con exigencias de sacrificios sangrientos u ofrendas simbólicas. "Los sagrado es una cualidad de las cosas que no poseen por sí mismas y que una gracia mística les concede. El ser u objeto consagrado puede no sufrir ninguna modificación aparente, sin embargo su transformación es absoluta. Ya no es posible utilizarlo libremente" (Cassirer 1947). La fuerza oculta en el hombre o en los objetos consagrados, está siempre pronta a propagarse fuera, a derramarse como un líquido o a descargarse como la electricidad. Dispone para atraer de una especie de fascinación. De lo sagrado espera el creyente todo el socorro y todo el éxito. Es indivisible y está siempre allí donde se halla (Callois, Roger, "El hombre y lo sagrado") El templo mediante estas fusiones ha adquirido valores y significaciones. Lo útil-simbólico del templo está impregnado del misticismo. Este espacio ya no es más un objeto de uso común, y por ello es respetado y valorado. A su vez, se le exigen ciertas cualidades y ciertas restricciones. El espacio ha trascendido su cualidad terrenal, para convertirse en el espacio celestial.

Es mediante el mito, el valor expresivo o social de gran interés para la comunidad religiosa, quién lo crea y quién lo vive, influyendo profundamente en la religiosidad de la comunidad que frecuenta el templo. Curiosamente, existen elementos a los que no se les han designado "reglas" específicas o bien, donde nada especifica una actividad; sin embargo su carácter sagrado se las ha conferido. Al presbiterio, los fieles no se acercan a pesar de que no hay en la liturgia algún impedimento. Se respeta el espacio sagrado, no es digno de ser usado por cualquiera cuya función no vaya acompañada del ejercicio del rito. Incluso míticamente las personas al pasar frente a una iglesia por la calle se persignan ante el edificio ya que se están presentando ante el santísimo sacramento. El espacio sagrado "induce conductas", la solemnidad y silencio son parte del ritual sagrado. Se convierten en la presencia de lo ultraterreno. Lo sagrado atrae o repele, se muestra accesible o inaccesible según las diferentes acepciones de los individuos.

La fusión del catolicismo europeo con las creencias del mundo mágico y mítico de las culturas mesoamericanas, dieron por producto una concepción muy interesante de la religión católica, basada en el ritualismo y el sacrificio. Se fusionan tradiciones de ambos lugares para producir nuevas expresiones. El ritual, mítico ya no sólo se limita al ritual litúrgico; se incorpora a ello, las peregrinaciones que los indígenas realizaban a sus deidades se recrean en el catolicismo al igual que "la contemplación del horror, la familiaridad y la complacencia en su trato, constituyen otro de los rasgos que se manifiestan en la concepción religiosa. Los cristos ensangrentados, los velorios, las costumbres del culto a los muertos" (Anaya, 1996).

También el "horror al vacío" es otro de los temores que se incorporan a su vida mítica y que plasma en sus creaciones artísticas. Los templos que surgen de la fusión del catolicismo con la cultura indígena expresan la monumentalidad de la grandeza del soberano para el que fueron concebidas. Las experiencias pasadas de las pirámides nos son familiares y nos permiten relacionar aceptablemente esta monumentalidad. La profundidad con la que nuestro pueblo se manifiesta religioso, se basa según Paz, en nuestra concepción mítica redentora. La complejidad de las costumbres rituales, es la detonadora del programa arquitectónico; templos, tumbas, conventos, atrios, capillas pozas, etc. A través de la historia estos han sido los elementos que han ido anexándose o eliminándose del programa. Estos mitos que perduran a través de la historia han manifestado características en los templos de México muy peculiares y particulares del espacio-temporal para el que son concebidos.

El héroe

A lo largo de la historia de los templos en México, se puede observar que los detonadores de su construcción, fueron los monjes de las distintas órdenes misionales que mediante estas construcciones iniciaban la conquista ideológica de México (la otra conquista). Los religiosos tenían ante sí un gran reto que debían superar o al menos igualar, para demostrar la trascendencia de la doctrina que predicaban y de la sociedad que representaban. De esta manera fue como las constantes búsquedas arquitectónicas provocarían una de las más grandiosas expresiones de estas manifestaciones espaciales. Mediante los templos, la iglesia daba cuerpo al ideal de la nueva sociedad en su carácter ideológico-político. En muchos casos, estos edificios marcaron la pauta para el emplazamiento de las ciudades que actualmente habitamos. El templo en su modalidad de expresión artística, sobrepaso la ciudad o región donde se originó. Para el mexicano, el templo es el simbolismo de una nueva etapa que nace con la conquista y que se presenta como un mestizaje social, económico e incluso político.

"La voluntad creativa"

"Se ha podido todo lo que se ha querido, y lo que no se ha podido es porque no estaba en la dirección de la voluntad artística" (Worringer, 1973), mediante el estudio del hombre primitivo, el hombre clásico, el hombre oriental y el hombre gótico, establece una relación de la expresión artística de estos diferentes grupos. Es de ahí que surge la idea de la voluntad creativa, la cual valora cada una de las expresiones al comprender aquello que motivo a realizar determinada expresión. "En el hombre primitivo el dualismo entre el hombre y el mundo lo lleva a un terror espiritual del mundo externo. Por ello trata de convertir al universo relativo en valores inmutables y absolutos. Esto le lleva a crear el idioma, el arte y sobre todo la religión. El dualismo del Hombre y el mundo es también el dualismo de Dios y el mundo" (Worringer, 1973). Tomando como fundamento la idea de la voluntad creativa de Worringer, los templos católicos mexicanos, tienen mucho que ver con los aspectos que señala acerca del símbolo; cuya expresión formal es el resultado de una idea preconcebida que le da sentido a la existencia del objeto.

Desde la orientación de los edificios que ven hacia el oriente donde nace la vida y se transporta dentro del templo hacia el umbral; como hasta la vela que es colocada y encendida según el símbolo que representa. Todo dentro del templo tiene una razón de ser, nada es arbitrario, si surgiera, cabría la arbitrariedad, estaríamos negando al Dios que es todo orden y armonía. En la búsqueda por crear un dialogo permanente con Dios, crea el espacio que contendrá a tan excepcional suceso. La "voluntad creativa" a través de la historia ha sido testimonio de la capacidad de proponer que el edificio cumpla con las características de espacio, tiempo, misticismo, realidad, etc. Los resultados han sido excepcionales, algunos ejemplo son las iglesias misionales o los grandes templos barrocos que majestuosamente exhiben elementos doctrinales y míticos en sus muros y cubiertas.

Pareciera que hoy, los templos carecen de esa magia, y esa particularidad, ya que la fuerza de las tipologías hace algunos años, siguen tan impregnadas en nuestra mente, que aún seguimos usando esos espacios que nos transportan a lo ultraterreno. Sin embargo, la realidad es diferente. Ante una sociedad que paradójicamente poco a poco ha ido perdiendo su afinidad por el credo católico, pero que se sigue manifestando de manera religiosa y ritualista en todos los aspectos de su vida; debe suscitarse una nueva propuesta que construya formas y espacios sagrados sofisticados, más complejos que los espacios sagrados del pasado. Un templo que sea el reflejo de anhelos artístico-religiosos, anhelos sociales, la riqueza material, el sentido de la estética y hasta los sentimientos de la nación. Donde la voluntad creativa trascienda su sentido de hombre primitivo y se situé en la nueva realidad. Encontrar la nueva expresión de magnificencia en un mundo racionalidad y deshumanización es el principal reto.

Trasfondo en arquitectura

Hartmann propone la existencia de un *trasfondo* en la arquitectura que se da mediante la relación de estratos, por ello es interesante tratar de descubrir si tras de lo real captable del primer plano existe algún trasfondo por revelar. Por ello analizaremos si en el templo tras la función de rito litúrgico, existe algún trasfondo en la obra, ya que esta idea es interesante, porque ese trasfondo es el que le da "vida" a la obra, lo particulariza y lo hace común para que la sociedad se apropie de ella. El habitador tiene conciencia del todo en la obra, cuando recorre las construcciones o cuando desde una perspectiva se aprehenden otras perspectivas, lados y formas espaciales. A continuación trataré de identificar el *trasfondo* en los templos:

Estratos externos de la obra

Composición según el propósito. La finalidad del templo es crear un hábitat propio, donde tiempo y espacio se conjugan para dar lugar al edificio; donde la abstracción manifiesta contenidos humanos y ultraterrenos. Este edificio atiende necesidades concretas del hombre de hoy. Su propósito se manifiesta más allá de un espacio que envuelve un rito, el edificio mismo es un rito. Denota y connota al catolicismo, que se manifiesta simbólico en cada elemento formal. Tiene la cualidad de fusionar en él, la historia bíblica y la historia social. La composición espacial posee una infinidad de propuestas que pueden dar forma a este propósito. Sin embargo existen normas de carácter general que la liturgia establece y que pautan la distribución de algunos elementos.

Después del concilio del Vaticano II, la liturgia se vio reformada y por tanto los templos. Su finalidad práctica siguió siendo la misma, sin embargo su rito se modificó. Los nuevos preceptos son los que hoy marcan pautas, ellos se refieren a lo siguiente: Los templos deben ser aptos para la celebración de las acciones litúrgicas y para conseguir la participación activa de los fieles. Este hecho marca la pauta de formal en planta en donde la tradicional nave o forma de cruz, aleja a los fieles del rito, y por tanto los hace menos participes de éste. Una de las formas que podemos observar en los templos contemporáneos es su distribución en forma de auditorio, donde se busca que todos se sitúen lo más cercano al presbiterio. Los desniveles en las naves obedecen a una mayor atención y relación de pueblo-ministro.

La Santa Madre Iglesia fue siempre amiga de las bellas artes, buscó constantemente su noble servicio e instruyó a los artistas principalmente para que las cosas destinadas al culto sagrado fueran en verdad dignas, decorosas y bellas, signos y símbolos de las realidades celestiales. El objetivo es promover a favorecer un arte auténticamente sacro, donde busquen más una noble belleza que la mera suntuosidad. Esto se ha de aplicar también en las vestiduras y ornamentación sagradas. Este apartado refiere a la simplicidad estética que debiera caracterizar al templo católico, como expresión de una concordancia entre credo y obra. Sin embargo, la ostentosidad sigue marcando una gran influencia en este género de edificio. Los antepasados no tomaron en consideración este aspecto, aunque ellos afirman que: "la iglesia nunca consideró como propio ningún estilo artístico, sino que acomodándose al carácter y las condiciones de los pueblos y a las necesidades de los diversos ritos aceptó las formas de cada tiempo, creando en el curso de los siglos un tesoro artístico digno de ser conservado cuidadosamente. También el arte de nuestro tiempo y el de todos los pueblos y regiones ha de ejercerse libremente en la iglesia, con tal que sirva a los edificios y ritos sagrados con el debido honor y reverencia.

El templo no se diseña como un especie de "ente", sino que es el uso y no el origen lo que le da su posición y capacidad para suscitar actos o representaciones (religiosas, culturales, míticas, etc.) que le confieren significado. Respecto a esto, el concilio señala: "Los artistas que llevados por su ingenio, desean glorificar a Dios en la Santa Iglesia, recuerden que su trabajo es una cierta imitación sagrada de Dios creador, y que sus obras están destinadas al culto católico, a la edificación de los fieles y a su instrucción religiosa." "Revísense cuanto antes, junto con los libros litúrgicos, de acuerdo con el art. 25, los cánones y prescripciones eclesiásticas que se refieren a la disposición de las cosas externas del culto sagrado, sobre todo en lo referente a la apta y digna edificación de los templos, a la forma y construcción de los altares, a la nobleza, colocación y seguridad del sagrario, así como también a la funcionalidad y dignidad del baptisterio, al orden conveniente de las imágenes sagradas, de la decoración y del ornato. Corríjase o suprímase lo que parezca menor conforme a la liturgia reformada y consérvese o introdúzcase lo que favorezca. Sin embargo este punto en cuanto a la materia y a la forma de los objetos y vestiduras, se da facultad a las asambleas territoriales de Obispos para adaptarlos a las costumbres locales, de acuerdo con el art. 22 de esta constitución" (Anaya, 1996).

La composición espacial interior de los templos ha cambiado con la historia y el concilio Vaticano II. Antes el espacio interior estaba subdividido, se contaba con una innumerable cantidad de capillas bautismales o de cualquier otro tipo, que seccionaban el templo y facilitaba la utilización de éste por medio de diferentes actividades simultáneas. Hoy la espacialidad no es fragmentada, una nave rige al concepto, y constituye el espacio más importante del conjunto. Su importancia prácticamente paraliza cualquier otra actividad que pueda desarrollarse dentro del templo. La nave está íntimamente ligada con el presbiterio donde se coloca el altar (antiguo altar de sacrificios) y desde donde el celebrante se dirige a la comunidad para efectuar los diferentes ritos. La pila bautismal, que antes ocupaba un espacio aparte en las capillas bautismales para ritos privados. Actualmente, se ubica en el presbiterio o muy cerca de él, ya que según el concilio, la mayoría de las celebraciones deben ser colectivas.

El sagrario, lugar donde se ubica el santísimo sacramento se ubica también sobre el presbiterio; sin embargo no ocupa el lugar central, como antes de las reformas al concilio en donde estaba en el centro y el celebrante debía estar siempre de frente a este elemento, hecho que propiciaba las celebraciones de espaldas a la comunidad. No hay estipulado un lugar definido, no obstante está siempre cerca del presbiterio sino es que en él; y además su disposición no permite darle la espalda ni al celebrante ni a la comunidad. Otros elementos como el ambón y los adornos están sobre el presbiterio. El coro, el campanario, la sacristía, criptas, atrio, capillas, confesionarios, etc., son elementos que componen el templo y que se agregan o sustraen según la categoría del mismo (parroquia, capilla, etc.).

La composición dinámica. La materia de la que se construye el templo, caracteriza la estructura formal; ya que como afirma Hartmann (1977): "no toda forma es posible en cualquier material, sino sólo una determinada en otra determinada, es una ley básica ontológicamente general". Es indiscutible que la expresividad de los templos ha ido siempre con los procedimientos constructivos. La cualidad de combinar técnica con expresividad, ha detonado el uso de materiales en determinadas épocas para otros géneros de edificios.

Estratos internos de la obra arquitectónica

El espíritu o sentido en la solución de la tarea práctica. En los templos, este sentido adquiere deferentes aspectos. Desde el uso de formas estructurales específicas para enfatizar algún espacio y que se convierte en el espíritu espacial interior, hasta la más sutil expresión cargada de simbolismo.

La impresión del conjunto de las partes y del todo. La característica de predominio sobre la población donde se asienta; que mediante la elevación de la construcción, por sus dimensiones y composición es el centro del paisaje urbano, es el punto de referencia, el lugar sagrado donde radica el poder.

La expresión de la voluntad vital y del modo de vida. La voluntad vital del templo cristiano va más allá de la monumentalidad, se refiere al reto de manifestar lo sagrado en formas mundanas; es decir, traerlo a la realidad profana. Generando un espacio donde se ubique al hombre y éste se pueda relacionar con la divinidad.

La poética del espacio en un templo

El libro de Gaston Bachelard, *La poética del espacio*, (1997) nos abre

un nuevo universo por descubrir: la ensoñación. Mediante ésta, el hombre se sitúa en un espacio entre la realidad y la imaginación, la fantasía y los sentimientos; los recuerdos y las experiencias. Y nos hace voltear a ver el espacio, desde otras perspectivas, desde las de la poética. "Todo lo que hacen los bosques, los ríos o el aire caben entre este estos muros que creen encerrar la estancia Acudid caballeros que atravesáis los mares Sólo tengo un techo de cielo, encontraréis lugar" (1997). Bachelard, nos muestra mediante la poética, cómo el espacio de una casa puede ser tan sagrado y contenedor de universos, lo que se puede interpretar también como que el espacio sagrado es como el de una casa: universal y particular; refugio para cada persona, rincón y nido. El templo es refugio del hombre, rincón donde "el retiro del alma que tiene a nuestro juicio, figura de refugio. El rincón es el refugio que asegura un primer valor del ser" (Bachelard, 1997). En el espacio del templo, el hombre es universal y particular, participa colectivamente de lo sagrado y a su vez se relaciona individualmente con su Dios.

El templo es la casa de Dios, concebida por y para la comunidad eclesial; por ello será más casa de Dios en cuanto sea cada vez más casa de la comunidad de los hombres en los que habita y que ascienden hacia él. En esta "casa" (templo) es donde el hombre ve reflejado los estados del alma. Es entonces cuando ya no ve el espacio del templo, sino que ve su espacio sagrado, el de su templo. Se ha apropiado del espacio y se remonta a recuerdos, experiencias, esperanzas, fantasías, etc. Mediante la arquitectura, que no es un sacramento, participa de la sacramentalidad. Por ello la arquitectura del templo debe expresar la calidad de la acción que en ella se desarrolla, no mediante el monumentalismo ni mediante la magnificencia, sino destacando auténticos valores cristianos de paz y justicia social, fe y esperanza en el mundo futuro.

El objetivo de dialogo del templo para el encuentro de la comunidad eclesial con Dios, forma parte de la manifestación de respuesta que el hombre dirige al Padre de Jesucristo. Este proceso forma parte de aprender a apropiarnos de esta morada de Dios, ya que "nuestra alma es una morada, y al recordar aprendemos a morar en nosotros mismos, es entonces cuando el dialogo se efectúa, cuando el individuo mora en el templo y el templo en el individuo; ahí se inicia el dialogo con Dios. La inmensidad espacial del templo no radica en el objeto, en sus proporciones o alturas, sino que está dentro del individuo y es él quien puede llevarlo a la participación del movimiento de las imágenes. Es en nosotros, donde se renuevan las resonancias de la grandeza, "la contemplación de la grandeza determina una actitud tan especial, un estado del alma tan peculiar que el ensueño pone al soñador fuera del mundo próximo, ante un mundo que lleva el signo de un infinito" (Bachelard, 1997). Es en la inmovilidad de la inmensidad cuando el hombre sale de ser para transportarse e iniciar ese dialogo, para hacer un viaje a la infinitud del espacio íntimo.

Por ello los templos deben de ser más que un diseño satisfactor de necesidades con amplia carga de significados y simbolismos, deben trascender hasta los estados de ensoñación del hombre donde se pueda originar la comunicación con Dios. Pues, el templo viene a tomar conciencia del mismo en el hombre. Los templos ejercen una influencia considerable en el culto, y en consecuencia, en sus las representaciones. Pero una influencia solamente directa: el templo no es propiamente el lugar de culto; los fieles no se congregan en él y su arquitectura no está hecha para el recogimiento individual, ni para las liturgias colectivas. Es esencialmente una morada, como su nombre lo indica. Es una morada individual; en determinadas circunstancias puede cerrarse, está sujeto a interdicción y posee a veces un recinto central al que solo el sacerdote tiene acceso.

El templo es el privilegio de las divinidades más importantes; casi se le podría definir a Dios como el ser divino poseedor de templos. El altar, así como las imágenes, las cestas, las coronas, los cetros; son objetos sagrados que por ser representaciones de la divinidad, su fuerza religiosa estriba en su función cultural y en la relación que guardan con el templo. Si ser obra significa establecer un mundo, el templo ha creado su mundo de libertad donde han creado obras sin pensar más allá que en ejecutar sus formas de vida. En una imitación original, de la forma de vida que está en el origen de los tiempos y en cada hombre, es arquitectura que hoy se confunde con el tiempo, con características únicas y singulares.

El templo se ha consagrado y ha transmutado del instante personal y colectivo para convertirse en un arquetipo. Es más que una construcción; es una obra que se manifiesta plenamente con cualidades inherentes a su concepción de utilidad. Su arquitectura contiene el valor teológico y moral, que por encima de estilos y convencionalismos comerciales, urge a la arquitectura de servir auténticamente al hombre. Los actos humanos como parte del carácter moral, tienen por tanto en la arquitectura, un acto humano, cuya responsabilidad moral es también la construcción del mundo. Es decir, una responsabilidad moral ante el sentido teológico arquitectónico. Para constituir al templo como riqueza de la humanidad.

Una riqueza en creencias y tradiciones

Las obras de ambos autores conllevan a la reflexión en la relación del templo con el habitante mexicano, su religiosidad, sus manifestaciones, su vida. El conocer al mexicano nos conduce a una idea más clara del por qué proliferó con gran facilidad este género de edificio (en cada pueblo hay un templo que lo caracteriza, que es un hito que simboliza la sociedad), cuáles son las pautas que han marcado la expresión formal de estos edificios, y el motivo del arraigo a esta religiosidad, entre otras cosas. Octavio Paz al referirse a la muerte, señala un aspecto muy interesante de nuestra sociedad en su libro *El laberinto de la soledad*, en el cual señala que el mexicano cree que el pecado y la muerte constituyen el fondo último de la naturaleza humana. Para nosotros la vida es una constante redención. De ahí que la religiosidad de nuestro pueblo sea muy profunda. Los antecedentes que marcan nuestra existencia (el pasado indígena y el español) nos han heredado una riqueza en creencias y tradiciones que no podemos negarnos y que fluyen por nuestro ser principalmente en los rituales colectivos. Arraigados a la religiosidad católica heredada por los españoles y a la religiosidad cósmica heredada por los indígenas; el culto a la muerte es también un culto a la vida, del mismo modo que el amor, que es hambre es anhelo de muerte.

Para los antiguos mexicanos, la muerte era una fase de un ciclo infinito, donde la vida no tenía otro objetivo que el de desembocar en la muerte. El sacrificio tenía un doble objeto: el acceso al proceso creador, y la alimentación de la vida cósmica y social (nutrido del sacrificio). Con la llegada del catolicismo, el sacrificio y la idea de salvación que antes eran colectivos, se vuelven individuales. "Para los aztecas lo esencial era asegurar la continuidad de la creación, el sacrificio no aseguraba la continuidad de la creación; este no entrañaba la seguridad ultraterrena, sino la salud cósmica. Para los cristianos el hombre es lo que cuenta. La muerte de Cristo salva a cada hombre en particular. Cada uno de nosotros es el Hombre y en cada uno están depositadas las esperanzas y posibilidades de la especie. La redención es obra personal" (Paz, 1993). Lo común entre ambas posturas religiosas es la vida, colectiva o individual, abierta a la perspectiva de la muerte, que es una nueva vida. Para el mexicano la vida solo se justifica y trasciende cuando llega la muerte.

Las analogías entre las creencias religiosas son las que se fusionaron para crear lo que en nuestros días es la religión católica con sus peculiares expresividades que caracterizan a nuestra arquidiócesis. Ello produjo propuestas formales cargadas de misticismo religioso. La religiosidad para el mexicano no es únicamente un mito que manifiesta ejerce los domingos en el templo, es parte de su vida le acompaña, le hace partícipe como en el catolicismo y en la época prehispánica; el rito se manifiesta más allá del espacio sagrado, lo lleva dentro de él. Todas estas nuevas concepciones no podían pasar inadvertidas y por tanto tampoco excluidas de la arquitectura del templo. Hoy día, el templo religioso se debate entre la identidad local y global (como sucede en casi todos los ámbitos de la sociedad), se ha perdido la identidad de

63

la particular religiosidad mexicana que se plasmaba en el templo. Es importante conocer cuál es la identidad religiosa del mexicano hoy, para exaltarla en el espacio sagrado.

Conclusiones

La historia de una sociedad no sólo vive con las ideas explícitas, sino también en las creencias implícitas. En donde existen dos dominios: las ideas y las creencias. Las creencias viven en capas más profundas del alma y por eso se transforman más pausadamente que las ideas. Para los mexicanos las creencias han sido casi inmutables a través de los siglos. Los espacios que albergan los rituales de estas creencias han cambiado formalmente según el tiempo y la realidad social. Es cierto que nuestra concepción contemporánea de la religión es en la actualidad más humanista y libertaria; pero eso no significa que se haya perdido la concepción de lo sagrado o el misticismo religioso. Es importante poner especial atención en estos elementos particulares que conforman el templo, ya que parece que los arquitectos en lugar de concebir espacios mágicos, diseña una construcción más para agregarla al perfil urbano de la ciudad. El templo tan simple y compleja de apenas algunos elementos como en atrio, la nave el presbiterio, el altar, la capilla, la sacristía, etc. Se revela al ser tratada como un escueto programa arquitectónico, y expresa su complejidad en lo útil-simbólico. La esencia del templo es transportable a la casa; casa de Dios, casa del hombre que lo refugia y alberga. Que lo llama a vivir en la constante religiosidad y en el experimentar de lo ultraterreno. El Reto es hoy, saber traducir esta experiencia espacial a los diferentes ámbitos de la vida del hombre.

Bibliografía

Anaya Duarte, Juan, "El templo en la Teología y la arquitectura", México: Universidad Iberoamericana, 1996.

Bachelard, Gaston, "La poética del espacio", México: Breviarios, Fondo de Cultura Económica, 1997.

Cassirer, Ernst, "El mito del Estado", México: Fondo de Cultura Económica, 1947.

Hartmann, Nicolai, "Estética", México: Universidad Nacional Autónoma de México, 1977.

Paz, Octavio, "El laberinto de la soledad", México: Fondo de Cultura Económica, 1993.

Worringer, Wilhelm, "La esencia del estilo gótico", México: FCE, 1973.

Las misiones jesuitas de Chiquitos, una conquista espiritual

VANIA VERÓNICA HENNINGS HINOJOSA

A lo largo de la historia, el hombre se ha dado los medios para explicar y realizar la relación que cree que le une con el fundamento del mundo visible y de sí mismo, para ello crea las religiones. El término religión viene del latín *religionem* que significa escrúpulo, delicadeza y se explica como un culto tributado a una divinidad. Este culto se debe principalmente al temor que experimenta el hombre a lo desconocido y a la necesidad de creer en algo más poderoso que él, en quien aferrarse. De esta manera, la religión trasciende las distintas culturas, es capaz de adaptarse, en principio, a nuevas condiciones, y por su parte actúa también en la historia y en la psicología de los pueblos. La religión se implanta, en el ser humano, como una obligación de consciencia al cumplimiento de un deber impuesto por un ser superior. La experiencia religiosa, también llamada "experiencia de lo sagrado", indica que hay momentos, lugares, ritos o personas que sirven de manifestación de lo misterioso a los creyentes. Al intentar expresar el misterio, la religión recurre al lenguaje simbólico, donde los ritos que se practican son símbolos, y los mitos que normalmente los acompañan son simbólicos, donde ambos son elementos profundos y perdurables que traspasan las barreras del tiempo.

De esta manera, para la manifestación de los ritos y para que el hombre pueda encontrar o sentir la presencia de ese ser supremo, se hace necesario un espacio específico. Para ello, se construye un templo en honor a la divinidad y destinado a rendirle culto. *"El Templo es un reflejo del mundo divino. Su arquitectura es a imagen y semejanza de la representación que los hombres se hacen de lo divino (...) Son como réplicas terrenales de los arquetipos celestiales"* [1]. Este término viene del griego *temenos* y del mismo radical indoeuropeo *tem* (cortar, delimitar, repartir) que significa *"el lugar reservado a los dioses, el recinto sagrado que rodea a un santuario y que es un lugar intocable"* [2]. El hombre busca, a través de la representación de sus templos, expresar la idea o la concepción de sus dioses. Se genera la arquitectura de lo sagrado que actúa como el símbolo de una creencia, de una costumbre, de una cultura que necesita expresar su forma de vida. El término sagrado viene del latín *sacratum* y deriva de *sacrare* que significa consagrar, rendir culto; es el objeto específico de la religión. Lo sagrado se sitúa ante lo divino en una actitud de respeto y contemplación. Ante esta gran simbología que ejerce el templo en los seres humanos, veremos a continuación como un templo fue el medio fundamental para realizar la conquista espiritual de un grupo humano.

Bajo el emblema *"ad majorem Dei gloriam"*, que significa: "a la mayor gloria de Dios", los jesuitas [3] buscan difundir la fe católica por medio de la predicación y la educación, así como trabajar en los lugares y momentos en que así lo requiera con urgencia la Iglesia. A raíz de ello, durante la conquista española, surgen las misiones jesuíticas [4] a quienes se encomienda aplicar las "reducciones" [5] a las concentraciones de la población indígena en el Nuevo Mundo; todo ello con el fin de facilitar la evangelización, controlar su producción y permitir el control fiscal. De esta manera, los jesuitas crean en el curso de dos siglos, hasta su expulsión en 1767, treinta y tres pueblos, cada uno de los cuales se halla a cargo apenas de dos sacerdotes, y que en conjunto abarcan a 150,000 aborígenes del Brasil, Uruguay, Argentina, Bolivia y Paraguay. Los jesuitas enfrentan muchas dificultades para acceder a estos territorios para, posteriormente, implantar un cambio en las costumbres y creencias de sus habitantes.

El resultado de esta incursión genera un progreso y una abundancia nunca repetidos en la América colonizada. Se producen manifestaciones artísticas a partir de una mezcla del estilo barroco europeo y el arte nativo, donde la arquitectura sacra se presenta imponente y original. La construcción de sus hermosas iglesias, tienen todo el talento de los misioneros y de su pueblo, principalmente por los trabajos de tallado en madera y los frescos que se pueden apreciar tanto en los interiores como en las partes externas de las iglesias. Estos templos se conciben con el fin de provocar admiración y respeto por parte de los indígenas y, de esta manera, conquistar sus almas a través de los sentidos. Los jesuitas comprendieron que por medio de los discursos y predicaciones no iban a lograr su meta y deciden provocar un efecto más hondo y duradero por medio de la percepción externa de los objetos, es decir, por medio de la construcción de templos imponentes y suntuosos.

Bolivia es uno de los países donde los jesuitas son llamados a poner en práctica sus conocimientos y la evangelización de los indígenas. Se instalan especialmente en el oriente fundando las Misiones de Moxos y Chiquitos [6] siendo, esta última, el objeto principal de estudio en el presente ensayo. La orden de avanzar sobre estas tierras desconocidas se debe fundamentalmente al mito de "El Dorado" [7] que hablaba de la existencia de una ciudad en la que las calles y edificios estaban cubiertos de oro y plata. Sin embargo, lo que los jesuitas encuentran a su llegada es una región dotada de una gran riqueza natural, variedad de fauna y una formidable red de construcciones de ingeniería hidráulica.

Sus habitantes son grupos étnicos indígenas con distintas lenguas y con costumbres muy particulares, totalmente opuestas a las que predicaban, como ser la antropofagia y la poligamia. Todo esto significa un reto para los misioneros y sobre todo una ardua tarea de evangelización de hombres que no sabían en absoluto de la existencia de un Dios, ni la existencia del pecado. Los jesuitas pretenden volver realidad la maravillosa utopía de crear, en la Tierra, la "Ciudad de Dios" y, por medio de una pacífica evangelización y "civilización" de las poblaciones nativas, enseñan a los indios a cultivar la tierra y a realizar trabajos artesanales para su subsistencia, muchos se vuelven pintores, escultores, músicos, bailarines y cantantes llegando a formar una orquesta de música barroca, la cual aún existe en la actualidad.

Sin embargo, nos abocaremos a realizar el análisis del objeto principal de esta evangelización: la iglesia, como objeto arquitectónico. Este elemento actúa como un símbolo de poder y, por ello, su ubicación en el territorio es fundamental. Según el diccionario de los símbolos, el templo simboliza "la habitación de Dios sobre la tierra, el lugar de la presencia real (...) el centro del mundo" [8]. En las Misiones de Chiquitos, esta característica es muy notoria, la iglesia es el edificio más importante en cuanto a sus dimensiones y ubicación. A partir de ella se organiza toda la comunidad por medio de la traza urbana y de la localización del resto de los edificios. El modelo utilizado reproduce, en la teoría, el de la ciudad latinoamericana de carácter hispano, con su plaza central y la disposición de las calles en damero. Asimismo, en la realidad, se impone la adaptación al terreno con el aprovechamiento de muchos elementos procedentes del mundo indígena que modifican o readaptan el modelo oficial. Estos pueblos cuentan con iglesia, colegio, talleres de diferentes oficios artesanales, hospital, cementerio y casa para viudas. Rodeando el pueblo se encuentran las tierras dedicadas al cultivo intensivo, elemento fundamental de comercio con la sociedad colonial. La economía se organiza a partir del trabajo, la participación comunitaria de los bienes y el intercambio entre sus miembros y los diferentes pueblos. La iglesia se encuentra erigida frente al vasto cuadrilátero de la plaza, que cuenta con una cruz central y con cruces o "capillas posas" en sus esquinas. Al lado de la iglesia se encuentra la residencia de los padres y el cementerio y, al lado opuesto, los talleres de artesanía. Un poco más allá y dividida por una calle se encuentra la casa de las mujeres donde se realizan una serie de trabajos, como tejidos y bordados. Sobre los tres otros costados de la plaza se disponen las viviendas en un regular esquema octogonal, es importante hacer notar que no se encuentran pegadas unas con otras, sino que están separadas por huertas para facilitar su ventilación y asoleamiento. Se agrupan en manzanas y todas dan a la calle.

A raíz de la distribución espacial del poblado, es muy notoria la función evangelizadora que ejerce la Iglesia; su meta y su razón de ser es la conversión y la atención espiritual de los indígenas, por lo tanto, todo cuanto existe alrededor debe girar en torno suyo. En el sector de la Chiquitanía, la primera iglesia que se funda es la de San Francisco Javier en 1691 (actual San Javier), seguida por San Rafael, San José de Chiquitos, Concepción, San Miguel, San Ignacio y Santa Ana. El padre suizo Martin Schmid, músico y arquitecto, es el encargado de dirigir y vigilar la edificación de estos templos. A continuación, trataremos de realizar el recorrido a una de las iglesias, desde el exterior al interior, a manera de comprender su funcionamiento y su conformación general. Al exterior se encuentra un amplio acceso o atrio totalmente plano y completamente abierto. El papel que cumple es muy importante ya que sirve para integrar y relacionar al pueblo con las actividades religiosas. Desde este punto, surge imponente y esplendorosa la iglesia jesuita cuyo ritmo y tratamiento de su fachada ejerce la integración del exterior y el interior de la iglesia. Otro rasgo muy peculiar de estas iglesias es que todo su perímetro está bordeado por una galería externa que sirve para resguardarse del intenso calor y las constantes lluvias de la región, al igual que es una respuesta al sistema constructivo adoptado, constituido por una cubierta a dos aguas.

Al interior, la iglesia consta de tres naves, una nave central y dos paralelas que se inician en el atrio cuyo frente da hacía la plaza. Se enriquece con arcos de madera, ornamentos, ventanas con hermosas balaustradas, pinturas, retablos cubiertos en plata y oro, y como remate el altar mayor con una riqueza formal impresionante, cargado de figuras, formas, texturas y color, una verdadera obra de arte. Los motivos decorativos utilizados, tanto al interior como al exterior de la iglesia, presentan ingenuos frescos de mano indígena representando la fauna y la flora la zona. Toda esta escenografía se encuentra coronada por la penetración de la luz a través de dos claraboyas que iluminan el altar a las once de la mañana, hora en que se celebra la misa. Los indígenas se distribuyen por sexo y edad abarcando el 90% de la iglesia y el 10% restante, está ocupado por el oficio religioso específico. Según Ibánez Cuéllar, la iglesias tienen las siguientes dimensiones, en promedio, 18.40 m. x 57.28 m., lo significa una superficie de 1053.95 m2 solamente en su área interior.

La construcción de estas iglesias se basa en elementos constructivos que han influenciado notablemente a la creatividad arquitectónica y a la implementación de un estilo propio de la región. Con lo que la naturaleza les proporciona y optimizando al máximo las ventajas de estos materiales, se logran obras dignas de admiración. La región de Chiquitos es eminentemente boscosa, por ello, el empleo de la madera es muy importante. Se emplea un sistema de esqueleto de madera que posibilita la construcción de templos enormes, fáciles de construir, funcionales y perfectamente adaptados a las necesidades de las misiones y al clima; las maderas más resistentes se utilizan para la estructura portante de las iglesias, y las maderas blandas para los trabajos de tallados, retablos o detalles decorativos.

A partir de ello, se generan obras esplendorosas y monumentales, y el perfeccionamiento de la técnica, "el hombre comenzará a admirarla, pero fundamentalmente a conocerla y a dominarla de tal forma que pudo vencer luces de 10 a 12 metros o lograrse expresar en lenguaje iconográfico por medio del tallado de este preciado elemento" [9]. Continuando con los materiales empleados en dichas edificaciones, se emplean igualmente, el ladrillo y la teja con mucha calidad en duración y terminación. El adobe se utiliza indistintamente en pequeñas edificaciones, como también en las iglesias y edificios anexos, mientras que la piedra, muy escasa en el lugar, se emplea en una sola iglesia (San José). La mampostería (bloques de 60 a 1.20 metros) se une con barro debido a que la zona carece de reservas caleras, se emplea solamente para los revoques o pinturas. Con respecto al hierro, los jesuitas logran su producción al igual que el acero, por medio de un procedimiento de combustión con carbones obtenida de maderas muy duras. Este material, muy escaso en las obras arquitectónicas es empleado en algunos herrajes.

El equilibrio en el uso de los materiales con moldes formales naturales, y con esquemas modestos y simples permiten que el producto arquitectónico se identifique de manera armoniosa con el medio donde se ubica. Al analizar ciertos detalles de la conformación de estas iglesias, parece ser que nos encontramos ante una propuesta original que surge de la abundancia de grandes árboles y la carencia de cal. Se opta por una armazón de madera como un verdadero esqueleto portante debido a la imposibilidad de levantar muros suficientemente consistentes, reduciéndose el muro a un simple elemento de cerramiento.

Es importante hacer notar otra singularidad en el sistema constructivo, las columnas u "horcones" son en realidad árboles íntegros con sus raíces para lograr mayor firmeza, cuyas raíces son calcinadas para evitar la filtración de la humedad. Posteriormente, estos enormes troncos se tallan con estrías helicoidales o hasta verticales, según el gusto del artesano. De esta manera concluye el análisis de un objeto arquitectónico considerado sagrado por los hombres y que, en este caso, tuvo un significado simbólico para lograr la conquista espiritual de los pueblos chiquitanos. La arquitectura actúa como un elemento generador de admiración, respeto y conversión. Posteriormente, en 1767, el gobierno español ordena que los misioneros jesuitas sean expulsados de las posesiones de España en el Nuevo Mundo. Con ello concluye el corto proceso misional en esta región, que tuvo una duración menor a 100 años. Esta expulsión deja a las comunidades a merced de los españoles y portugueses, quienes se encargan de saquear sus poblaciones y perseguir a los jesuitas. Sin embargo, todavía queda algo de la riqueza material y espiritual que dejaron estos misioneros. Una de las máximas herencias es el arte de Chiquitos que retrocede hacia el símbolo, hacia el trabajo anónimo de la comunidad con un rasgo inconfundible de profusa decoración y exagerado cromatismo. En 1991 La Unesco declara Patrimonio de la Humanidad a los pueblos de San Javier, Concepción, San Miguel, San Rafael, Santa Ana y San José de Chiquitos por su alto nivel artístico y su profundo significado cultural. Para concluir, sin restar mérito a la estoica y utópica labor realizada por los misioneros, el aspecto negativo de esta incursión es que impone una nueva religión, otras costumbres y formas de vida totalmente diferentes, destruyendo todo lo que estos pueblos habían logrado construir hasta entonces y generando la pérdida de su identidad cultural. ¿Cuál hubiera sido el futuro de estos pueblos sin la intervención jesuítica?

Notas

1. Chevalier, Jean, Gheerbrant, Alain, "Diccionario de los Símbolos", Barcelona: Herder, 1969, p.984.
2. Ídem.
3. Jesuitas: representan un instituto religioso de clérigos regulares de la Iglesia católica. Esta orden fue fundada por San Ignacio de Loyola en 1534 y confirmada oficialmente por el papa Pablo III en 1540.
4. Misiones jesuíticas, misiones constituidas por la Compañía de Jesús, que se establecieron como un sistema de "reducción" indígena en una extensa área entre Paraguay, Bolivia, Argentina y Brasil a partir de una primera experiencia llevada a cabo en Juli (Perú) en 1576, y que concluyeron en 1767, con la expulsión de los Jesuitas de los territorios españoles por Carlos III.

Vania Verónica Hennings Hinojosa

5. Reducción: viene de "reconducir" a los indígenas a una vida cristiana (del latín reducti).
6. Los españoles les dan el nombre de "chiquitos" debido a que las casas de estos aborígenes tenían una puerta muy baja por la cual sólo se podía acceder a gatas. Esto lo hacen para protegerse de las moscas y mosquitos y también para que sus enemigos no tengan por donde flecharlos durante la noche.
7. "El Dorado", también llamado "Candire" o "Paitití".
8. Chevalier, op. cit., p. 985.
9. Ibánez Cuéllar Aquino, Suárez Salas Virgilio, "Chiquitos - Misiones jesuíticas", Santa Cruz: Universidad Boliviana, 1976, p.12.

74

Bibliografía

Chevalier, Jean, Gheerbrant, Alain, "Diccionario de los Símbolos", Barcelona: Herder, 1969.

Ibánez Cuéllar Aquino, Suárez Salas Virgilio, "Chiquitos - Misiones jesuíticas", Santa Cruz: Universidad Boliviana, 1976.

Poética espacial de la catedral gótica

MARÍA ELENA HERNÁNDEZ ÁLVAREZ

I

El mundo no se terminó en el año mil, como había predestinado el mundo cristiano de la Europa occidental; el hombre entonces más que nunca anheló una religión ya no con un Dios justiciero y aterrorizante sino con un Padre omnipotente e infinitamente misericordioso. La arquitectura posmilenarista fue fiel discurso de este pensamiento, el edificio románico llegó a su agotamiento conceptual en donde sus excesos y pesantez no expresaron ya el alma del cristianismo de los albores del segundo mileno. San Bernardo de Claraval y el astuto Abad Suger, a quienes se les atribuye principalmente la paternidad conceptual del gótico, comprendieron bien su tiempo y concibieron el espacio religioso como aquel en el cual el hombre huyese de lo terrenal para estar "enseguida" en el espacio de Dios, en la nueva ciudad celeste de la tierra.

Antes de continuar, cabe aclarar que este breve ensayo no se ocupa en definir el contexto o antecedentes socio-históricos en los que surge el edificio gótico, tema por más inagotable, baste señalar que las catedrales góticas de tal manera expresaron el alma colectiva y los anhelos de la sociedad de sus tiempos que en menos de ciento cincuenta años, el sembrado de edificios góticos ocupó buena parte del territorio europeo occidental; se dice que más piedras se movieron en esos tiempos que en los largos siglos de las dinastías egipcias. La catedral gótica fue ocupación de la comunidad entera de los hombres y mujeres que vivieron los siglos XII, XIII, XIV y parte del XV de nuestra era; toda actividad comunitaria estaba de una u otra manera, relacionada con la catedral.

En los espacios del edificio gótico sucedía todo: oficios religiosos, entierros, asambleas políticas bajo la presidencia del obispo, discusiones acerca del precio del grano o del ganado, cotización de los paños, etcétera. A la catedral se acudía en busca de consuelo, consejo o perdón; en sus espacios se bendecía la nueva empresa o trabajo, se realizaba la tradicional kermesse, la fiesta de los locos con su carro del triunfo de Baco, o la reunión de los alquimistas todas las semanas, el día de Saturno [1]. La catedral es la ciudad dentro de la ciudad, el núcleo intelectual y moral de la colectividad, el corazón de la actividad pública, la apoteosis del pensamiento, del saber y del arte. Se acepta por todo esto que la catedral gótica fue una de las tres obras enciclopédicas que produjo la humanidad hasta el renacimiento: la Suma Teológica de Santo Tomás, la Divina Comedia de Dante y la Catedral Gótica.

II

Sugerimos un giro que nos acerca a la comprensión de la idea "poética espacial" en el edificio gótico. Dice Platón que todas las artes y los oficios son en esencia poesía; así, hagamos una analogía entre la arquitectura y la poesía llamando poema al edificio construido, poeta al arquitecto y Poesía a lo que en sí es Arquitectura. La arquitectura es poesía experiencial que exige para su comprensión que su contemplador o habitador se entregue fenomenológicamente a ella. Conozcamos un poco más de esta idea en la voz de Ortega y Gasset: "Yo soy un hombre español, es decir, un hombre sin imaginación. El arte español, es realista...el pensamiento español, es realista (…) La poesía española, la épica castiza, se atiene a la realidad histórica (…) soy un hombre que quiere ante todo ver y tocar las cosas y que no se place imaginándolas: soy un hombre sin imaginación. Y lo peor es que el otro día entré en una Catedral Gótica...Yo no sabía que dentro de una Catedral Gótica habita siempre un torbellino; ello es que apenas puse el pie en el interior fui arrebatado de mi propia pesantez sobre la tierra. Y todo esto vino sobre mí rapidísimamente".

Puedo dar un detalle más común a aquella algarabía, a aquel pandemónium movilizado, a aquella realidad semoviente y agresiva [y ya fuera de la catedral, se sentó a contemplarla a ya recordar lo que había vivido dentro de ella] -había mirado hacia arriba, allá, a lo altísimo, curioso de conocer el acontecimiento supremo que me era anunciado, y había visto los nervios de los pilares lanzarse hacia lo sublime con una decisión de suicidas, y en el camino trabarse con otros, atravesarlos, enlazarlos y continuar más allá sin reposo, sin miramiento, arriba, arriba, sin acabar nunca de concretarse; arriba, arriba, hasta perderse en una confusión última que se parecería a una nada donde se hallara fermentando todo. A esto atribuyo haber perdido la serenidad [2].

En el espacio gótico se vive la inmensidad experiencia que no se entiende con la razón, pero que es comprensible por la intuición. Según Bachelard, la inmensidad es una categoría del ensueño el cual, por inclinación innata, puede contemplar la grandeza determinando un estado del alma que pone al ensoñador fuera del mundo próximo, ante un mundo que lleva el signo del infinito, de Dios. El mundo es grande, pero en nosotros es profundo como el mar [3]. La inmensidad está en nosotros, no circunscrita en la esfera de lo cognitivo, pero abarcándola también, adherida a una especie de expansión del ser que, desafortunadamente, la cotidianeidad de la vida y la prudencia reprimen. La inmensidad es el movimiento del hombre inmóvil.

Y es éste territorio interior en el que verdaderamente se llega a comprender el verdadero significado de, por ejemplo, la inmensidad del océano, de un bosque o de una Catedral Gótica. Toda esa inmensidad, ese infinito cabe en nuestra alma; por las puertas de la Poesía nos apropiamos de un instante eterno. Pierre Albert-Birot dice al respecto: ..."Y me hago de un plumazo, dueño del mundo, hombre ilimitado" [4]. La inmensidad del bosque, por ejemplo, la entendemos cuando hablamos de su espacio infinitamente prolongado más allá del velo de sus troncos y de sus hojas, espacio velado para los ojos, pero transparente a la visión, bosque sagrado, inmediatamente sagrado. La inmensidad íntima gótica se comprende cuando el alma se apropia de su espacio y se deja envolver intuitivamente por él. El poema opera en su contemplador y borra fronteras físico temporales para, en términos bachelardianos, permitir que la pluma del escritor pertenezca en ese instante al lector.

La inmensidad es un tema poético inagotable. Para Baudelaire la inmensidad es una conquista de la intimidad: la inmensidad es una dimensión íntima, es una de esas impresiones felices que casi todos los hombres imaginativos han conocido gracias a los sueños, mientras dormían; es sentirse liberado de los lazos de la gravedad, preso de una amplia luz difusa... en la inmensidad, sin más decorado que ella misma [5]. La grandeza progresa en el mundo a medida que la intimidad se profundiza. Cuando el hombre vive la inmensidad en su intimidad entonces se ve liberado de sus preocupaciones, de sus pensamientos y ya no es prisionero de su propio ser y se apropia entonces de una totalidad; la intimidad es: el rincón de la inmanencia subjetiva, es el fuero en el que cada yo singular, único e irrepetible se protege, secreto, para sí.

La intimidad es como el lado oculto de la luna, es invisible desde fuera, la intimidad, desde la exterioridad, es apenas una sospecha, misteriosa pero fascinante. Se esconde en el fondo de la vida interior, sin embargo es transparente, en ella habita el alma y es puente y vínculo con la eternidad. Lo íntimo es todo aquello que le acontece a un individuo que lo vive como algo profundo, que le atañe, lo marca, le incide, le importa, lo compromete, le concierne. Lo íntimo es un tesoro escondido. Lo íntimo jamás es indiferente, sino por el contrario, se padece o se goza intensamente, en secreto. Lo íntimo se acurruca en el espacio de un nido protector. La intimidad es arquitectura imaginaria en la que cabe la totalidad. Es el oído que escucha las resonancias universales. Es el punto vital en que se recibe la exterioridad exterior, transmutada en exterioridad vivida, para ser interioridad recogida. En la intimidad es en donde se siente la más sublime desmesura, y el absoluto despojamiento del que puede fluir la eternidad. En lo íntimo se gana la más pura pobreza de espíritu, el desierto interior. En la intimidad está la vibración cósmica eterna, en cuyo aletear se sostiene anonadada el alma, suspendida, temblando al unísono en la armonía universal. [6]

En la intimidad se genera el primer plano del trasfondo de una obra de arte, ese primer plano que roba una chispa de vida a la eternidad, una gota que será manantial, que recorre los estratos de un trasfondo y emerge en esta realidad geotemporal como lo que quiere ser llevándose también en este recorrido ello a nuestra alma. Así emergió el edificio gótico, desde los territorios de la intimidad.

III

La Catedral Gótica fue la "casa universal"; toda la actividad de la comunidad de sus tiempos estuvo relacionada con ella, según Bachelard, frente a la hostilidad, frente a las formas animales de la tempestad, los valores de protección y de resistencia de la casa se trasponen en valores humanos. La casa es un instrumento para enfrentar al cosmos. En la casa habita el hombre, lo remodela, lo protege o también lo agrede. En ella el hombre gesta sus neurosis y sus amores; la casa es para él refugio y fortaleza; es espacio de consuelo y de intimidad. La casa es, literalmente, la madre; y como ella, la casa abre sus brazos, protege y resiste la tempestad: La casa, ante la tempestad, se estrechó contra mí como una loba, y por momentos sentía su aroma descender maternalmente hasta mi corazón, aquella noche fue verdaderamente mi madre. Sólo la tuve a ella para guardarme y sostenerme, estábamos solos [7].

La Catedral Gótica es una gran casa universal en la que todos los hijos de Dios son acogidos, protegidos, restaurados y conducidos hacia un mismo fin, es su baluarte de valor mediante el cual aprenderá a vencer el miedo. Esta casa universal, por lo tanto, cumple una importante función educadora. Frente al mundo, la casa adquiere las energías físicas y morales de una madre amorosa, acogedora, fuerte, es decir de una matriz; la Catedral Gótica cumple con esta función colectivamente. En su exuberante lenguaje, toda palabra de espacio y piedra contribuye a esta función; así por ejemplo, las gárgolas monstruosas, estratégicamente ubicadas en las esquinas de la catedral, eran simbólicamente los soldados defensores protectores de la misma casa gótica que atacaban y que a la vez defendían del mal al espacio interior de la catedral; también la catedral es el guardián secular del patrimonio ancestral. La casa gótica en su inmensidad íntima, en su función educadora y protectora tiene también a todo el cielo por terraza. Desde ella se llegará a la dulce promesa de la vida eterna, en ella el hombre nunca envejecerá porque en ella siempre se es hijo. La catedral es el refugio hospitalario de todos los infortunios, es por lo tanto La Casa Universal, la madre que acoge, protege, alegra, consuela a todos los hijos cristianos y aún los paganos [8]. Es el espacio católico, es decir universal, por excelencia; católicos y no católicos, son bienvenidos para formar teóricamente una sola familia [9].

María Elena Hernández Álvarez

IV

Dice Baudelaire que todas las artes se corresponden y que todo color, brillo o sonido son palabras de un mismo lenguaje común. Para comprender al edificio gótico, y en general a la arquitectura, como poema espacial sugerimos considerar cada uno de sus elementos compositivos como "palabras de espacio, luz o piedra" que escriben en perfecta armonía el todo y lo particular [10] el edificio gótico. A continuación tomamos algunas de estas palabras-elementos. El primer elemento a destacar es la luz [11]. El abad de Saint Denis, Suger, siempre se fascinó por el intrincado simbolismo de la luz, el cual identifica con la metafísica neoplatónica que Dionisio, el Areopagita, había impregnado en la teología cristiana de los primeros siglos. Dionisio fue particularmente influenciado por el evangelio de San Juan. En las catedrales góticas los vitrales de cristal esmaltado, solamente resplandecían bajo la luz directa del sol engendrando así, una nueva iluminación cromática maravillosa; la lux nova, término con el que Suger se refería a Cristo. La interpretación de la luz como símbolo de Dios permanecería viva, gracias también a San Agustín, por más de un milenio. Por otro lado, Dionisio había impresionado fuertemente a Suger quien trataría de materializar una teología dionisiana en Saint Denis. Este nuevo énfasis en la luz es lo que distingue principalmente, formal y teológicamente, a la arquitectura gótica de su antecesora románica. La luz que penetra el espacio gótico no era una luz corriente, agradable o únicamente funcional sino que estaba totalmente referida a la "Nueva Jerusalén":

Y yo vi la ciudad sagrada, nueva Jerusalén, bajando del cielo desde Dios... teniendo a la gloria de Dios: Su luz era como la de la piedra más preciosa, como si fuera una piedra de jaspe [12]. Otro elemento simbólico esencial en el edificio gótico es la dimensión sin precedente de la altura de sus espacios. En lenguaje plástico y espacial, las catedrales son la figuración simbólica y la equivalencia aritmética de la Escritura [13]. La catedral gótica es la proyección de un sueño de perfección moral [14], ciudadela del Bien erizada de torres, sitiada por las fuerzas del mal pero desafiándolas inexpugnablemente, altiva, inaccesible a todo lo que se arrastra por el suelo, siempre buscando la ascensión a los cielos. Las catedrales góticas emplean todos los recursos tecnológicos para alcanzar la mayor altura posible, para tocar simbólicamente al cielo.

La Catedral Gótica es también una "caja de resonancia". Siete veces al día, desde las primeras luces del alba hasta la caída de las tinieblas y una vez en medio de la noche, la comunidad se reunía en la catedral para la oración proferida a plena voz; una oración comunitaria que se fundía maravillosamente en los elevadísimos espacios góticos. La Catedral Gótica es la caja de resonancia que traslada la voz comunitaria a los espacios angelicales. El soporte musical sirve para acordar las armonías cósmicas, es decir, la razón de Dios, a las palabras de los hombres y confundirlas con las palabras de los ángeles, cuyo coro llena la ciudad celeste. En cuanto a su disposición en planta, los ejes compositivos tenían sus reglas muy definidas, resultado del simbolismo al que debían corresponder. La "perfecta" ratio 1:2 de San Agustín controla el alzado y la planta. De esta manera las relaciones entre la longitud total de la iglesia con la anchura del transepto, la anchura del transepto con su longitud, la anchura de las naves laterales con la central, deben corresponder a la mencionada regla agustiniana. Partiendo del mismo concepto, las crujías de las naves laterales son de igual longitud y altura. La forma tradicional basilical de la planta había pasado en el románico a la forma cruciforme. Esta forma, simbólicamente fue continuada.

La orientación de las catedrales es siempre al Levante, es decir, al punto en el oriente en el que se disipan las tinieblas al amanecer, de la misma manera que Cristo nos ilumina después de las tinieblas. El poniente hacía resplandecer maravillosamente, como piedras de jaspe, a los vitrales dando con esto una esperanza al fiel que se prepara para la próxima entrada a las tinieblas. La orientación permitió el manejo simbólico de la luz y los vitrales se encargaron de llenar de belleza al luminoso mensaje. Las formas circulares de las bóvedas góticas al unirse a los elevadísimos muros hablan el lenguaje que San Bernardo quería comunicar: elevarnos desde los fondos de la tierra hasta la redondez infinita celestial.

V

La Catedral Gótica es un perfecto poema sinfónico en el que nada sobra y nada falta, que eleva hacia el cielo sonidos, brillos y colores y anhelos en la armónica simbología de sus torres. Su lenguaje plástico formal es la metáfora de un ser humano arrodillado con las manos hacia el cielo, implorando a Dios. Y dentro de ella, en su inmensa intimidad, como dentro de nosotros mismos, está la Belleza y la respuesta al Bien y al Mal. Las altísimas torres góticas y las "celestes" bóvedas nervadas imponentes actúan como gigantescos "súper yo" en la moral del hombre común. ¿Quién en esos tiempos no se impactaría al entrar en una Catedral Gótica y experienciar ese enciclopédico espacio? Sus pecados, sus culpas y sus instintos actuaban como eficaces perseguidores que conmovían o aterrorizaban al hombre. Este pequeñísimo ser humano buscaría entonces al cordero de Dios para borrar los pecados de este mundo: *Agnus Dei qui tollis pecata mundi*. Los enormes vitrales eran para el hombre ventanas a la eternidad, esperanza de que no todo se había perdido por culpa del pecado original; la bellísima luz del rosetón gótico ilumina el alma conmovida y allá, en las alturas, un Dios indulgente mira compasiva y dulcemente al hombre arrodillado con las manos en alto -como las torres de la catedral- pidiendo clemencia.

Notas

1. Fulcanelli, "El Misterio de las Catedrales", Barcelona: Plaza & Janes, 1975, p.47.
2. Ortega y Gasset, J., "La deshumanización del arte", Madrid: Revista de Occidente, 1960, pp. 101 - 103
3. Bachelard, "La poética del espacio", México: FCE, 1975, p. 220.
4. Bachelard, op. cit., p. 222
5. Bachelard, op. cit., p. 232.
6. Lapoujade, María Noella, "Conferencia Magistral en el coloquio Espacios Imaginarios", México: UNAM, 1998.
7. Bachelard, op.cit., p. 77
8. El enemigo de la catedral y de la Iglesia católica misma, no eran los paganos, de hecho, están presentes en la catedral numerosos testimonios paganos. El verdadero enemigo de la Catedral Gótica y del catolicismo en sí eran las acechanzas del demonio; contra ellas estarán encaminadas todas las luchas del papa. Las mismas gárgolas son un espejo de esto. La Inquisición, en años posteriores será una poderosa herramienta de exterminio para todo aquello que fuese considerado herejía. Los paganos no representaban para la Iglesia igual peligro y en la mayoría de los casos eran considerados como católicos aún no conversos.
9. Es interesante la altiva fantasía de los constructores que decidieron construir la catedral de Notre Dame de París; en sus 5 955 m2 construidos pueden estar nueve mil fieles. Milán tiene 11 300 m2, que albergarían de

sobra a toda la población de su tiempo. Y todo esto nos habla de que en efecto, la catedral era la Casa de todos.

10. Recordemos que el arte medieval es un arte de símbolos que corresponde con la necesidad de la Iglesia de construir un lenguaje cohesionador enciclopédico.

11. Paradójicamente, la luz es la "no piedra", lo más ligero, transparente y luminoso.

12. Spiro Kostof, "Historia de la Arquitectura", Madrid: Alianza Editorial, 2005, p. 577.

13. Duby, G., "San Bernardo y el Arte Cisterciense", México: FCE, 1981, p 81.

14. Duby, op. cit., p. 83.

Bibliografía

Bachelard, "La poética del espacio", México: FCE, 1975.

Duby, G., "San Bernardo y el Arte Cisterciense", México: FCE, 1981.

Fulcanelli, "El Misterio de las Catedrales", Barcelona: Plaza & Janes, 1975.

Lapoujade, María Noella, "Conferencia Magistral en el coloquio Espacios Imaginarios", México: UNAM, 1998.

Ortega y Gasset, J., "La deshumanización del arte", Madrid: Revista de Occidente, 1960.

Spiro Kostof, "Historia de la Arquitectura", Madrid: Alianza Editorial, 2005.

María Elena Hernández Álvarez

Lo sagrado del espacio barroco mexicano

JOSÉ LUIS LIZÁRRAGA VALDEZ

Luego de que los editores de la revista Arquitectura y Humanidades, acordáramos el tema, mi imaginación se pobló de una diversa variedad de iconografía religiosa, sin entrar en análisis minuciosos. Me representaba objetos que reproducían efigies que me habían conmovido en algún momento. ¿Cómo hablar de esas imágenes?

Los indígenas y la nueva religión
Relatos históricos narran que nuestros antepasados indígenas asumieron con actitud optimista la encomienda de tallar la piedra y la madera para edificar un anhelado sueño "El templo Barroco mexicano". En los inicios de la conquista española se destruyó, entre otras cosas, con asombro y temor toda evidencia de carácter religioso que tuviera relación con los vencidos. El despojo y la acción de tales acontecimientos produjeron, en los indígenas sobrevivientes, un vacío espiritual, un suelo desértico, en pocas palabras la vacuidad. Con el tiempo los vestigios artísticos como la arquitectura, escultura y pintura así como las manifestaciones rituales devotas mesoamericanas fueron sustituidas por la religión católica, por las edificaciones fortificadas; es decir los conventos, así como una gran gama iconográfica escultórica y pictórica que devenían fielmente con el catolicismo. Aunque incomprendidos al principio, por los indígenas, los Franciscanos, Dominicos y Agustinos se dieron a la tarea de implantar la nueva redención.

Las capillas abiertas fue uno de los principales frutos arquitectónicos, únicos y trascendentes en el nuevo continente, que ayudaron a acentuar los primeros actos espirituales en donde el indígena empezaba a estar presente. Un espacio delimitado con cuatro paredes y libre de techumbre fue el medio para desarrollar el culto al aire libre -aunque no totalmente- a usanza de los ritos precolombinos. El miedo del indígena hacia lo desconocido se iba perdiendo poco a poco; se encontraban ansiosos y necesitaban poner toda la devoción, esperanzas, sueños y fe en algo, ese algo fue lo permitido, lo que se presentaba como la nueva y única alternativa. El siguiente paso fue adentrar a los indígenas a desenvolver el rito dentro de espacios cerrados. Es entonces cuando se empiezan a edificar los nuevos templos. La necesidad de la fe es tanta que el mismo indígena empieza a ser instruido para levantar templos requeridos en devoción a su fe. Aprende a construir, esculpir, pintar y recitar las plegarias formales y literales del viejo mundo. El sincretismo respondió de increíble manera. El nuevo arte aportaba señales de autenticidad con la arquitectura barroca. Es por ello que señalo que el indígena edifica un anhelo puro, diáfano y representativo. Tratar al barroco mexicano es sin duda alguna aludir específicamente al estilo churrigueresco o barroco churrigueresco, por lo que a continuación se desarrolla una breve remembranza.

La influencia española

"España por su estupenda situación geográfica, atesoró las grandes influencias artísticas de los celtas, de los griegos, de los romanos, de los fenicios, de los visigodos, de los judíos y de los árabes. Del mismo modo se produjo dentro de su territorio un estilo nuevo y propio: el Barroco, al que Churriguera le dio su nombre y donde este introdujo el pilar estípite en su nueva modalidad reaccionaria…" [1].

De acuerdo con el citado libro, José Benito Churriguera, probablemente fue inspirado por algún álbum (publicados por Du Cerceau, 1545) que fueron modelos utilizados en el mobiliario francés en donde la estípite aparecía. Otra posibilidad es que Churriguera "al construir su retablo en Salamanca, conociera la mansión de Zoporta y se inspirara allí" [2]. Una más, pareciendo ser la más difundida, es que en España este apoyo se extendió ampliamente desde que el arquitecto madrileño lo empleó en una obra efímera: "la pira funeraria de la reina María Luisa de Orleans -1689-. Más tarde diversos artistas lo utilizaron en retablos y portadas civiles y religiosas" [3]. Tales insinuaciones indican que el afamado estilo, que por cierto muy significativo en América, se dedujera por inspiraciones diversas en donde cualquier artista le daba su propia personalidad y esencia.

El estilo Barroco posee cualidades muy interactivas en su ejecución, más aún lo fue, por presentarse como una esencia, que en cada caso particular se impregnaba con actitudes creativas diversas que denotaban un carácter estético fundamentado en ideales muy singulares. La familia del arte de los Churriguera, iniciada por Joseph Xurriguera y José Simón Churriguera, abuelo y padre del trascendente José Benito Churriguera, además de sus hermanos Joaquín y Alberto, después por sus descendientes Jerónimo y Nicolás, generación artística reconocida y famosa por desarrollar en Madrid y específicamente en el arte religioso de toda España, poseen en sus más exquisitas obras:

89

Floraciones de ángeles con actitudes de vuelo.

Nichos con doseles y cortinajes.

Querubines con las alas cruzadas.

Roleos y conchas abultadas.

Ménsulas resaltadas.

Los Churriguera tuvieron bastas críticas, unas a favor del nuevo estilo, así como otras en pleno desacuerdo: "Contra el arte churrigueresco llamado a sus autores jerigonsistas, chafones y badulaques (...) por menos dislates estaban muchos en casa de locos (...) mejor estaba la piedra en bruto en la cantera que labrada en tales adefesios" [4]. "¡Churriguera, arquitecto maldito, sirena deliciosa! (...) Tus altares en las iglesias hispanas, tus portales madrileños, tu salmantina Casa municipal, me traen y traerán un día al mundo -con el desbordamiento tumultuoso de tu pasión, con su mal gusto- que cuenta igualmente unos cuarteles de nobleza y rememoran el caos primitivo como las obras clásicas rememoran el griego Partenón un trágico contar de abismo y de océanos. Preveo para Churriguera, en hora próxima una justiciera venganza" [5].

"Iglesia llena de luz, no se siente en ella unción, ese piadoso recogimiento de las viejas catedrales góticas, cuyas torres: Al cielo abrazadas parecen oraciones petrificadas pero sus cuatro filas de columnas corintias y sus bóvedas, donde ya comienza a iniciarse la florescencia que culminó en Churriguera son de tanta esbeltez y producen tal armonía de conjunto que bien podemos disputarlas como una maravilla del renacimiento español en Andalucía sin la gravedad de Juan Herrera ni el estrecho rigorismo grecorromano" [6].

Otro elemento clave en el estilo Barroco es la columna Salomónica que fue utilizada por el arte Barroco de Bernini, estilo o característica que se debe de precisar 'berniniano'. Trascienden por su ardua labor Pedro de Rivera, quien no perteneció a la familia artística, sin embargo, se habla de él como un 'churriguerista' más que los Churriguera. De los personajes o artistas que trascendió tanto en España como en México por trabajar la estípite, fue Jerónimo de Balbás, haciendo uso exclusivamente del apoyo estípite como soporte empotrado y exento, que construye el Retablo de los Reyes en la Catedral Metropolitana de México, inspirado en su propio trabajo en retablo, realizado en Sevilla. Tales descripciones establecen que cuando se trabaja el arte Churrigueresco en sitios españoles, a la par ya se encuentran en México también trabajando.

El país logró transformar en substancia propia el arte de Churriguera, en donde la estípite se toma como un signo totalmente fundamental, que se lleva hasta la cima. Además, México emanó diversidad de edificaciones barrocas tal como lo muestran los siguientes estilos: "Barroco estucado, Barroco talaveresco, Fuste barroco, Barroco purista, Barroco de estrías móviles, Barroco tablerado, Barroco tritóstilo, Barroco salomónico, Fustes losángicos, Ultrabarroco" [7]. Tal actitud histórica, que hacen referencia al arte churrigueresco en España, en México no tiene similar repercusión sino todo lo contrario. El labrar piedra y madera, para así adornar o mistificar el espacio donde se ha de ejecutar el culto, regocijar las penas y alegrías del alma y recibir la gracia espiritual, fue una actividad que careció de todo pensamiento inmanente para saciar ante todo el pensamiento trascendente. Si bien, hemos hablado de la influencia española en México a continuación se describen algunos de los sucesos que dieron origen al estilo barroco europeo que influenció a España.

El barroco en Europa

El barroco fue un estilo que floreció después del Renacimiento europeo; un hacer que rompió las reglas académicas griegas; un movimiento social de la contrarreforma; un arte que caracteriza la religión católica; un pensamiento expresado para la salvación de las almas; un arte expresivo de emociones y vivencias religiosas; una preocupación por la interpretación de la fe; una emoción pura de divinidad; un ideal espiritual; una búsqueda relacionada con Dios y en ocasiones solamente un simple escenario abandonado. El periodo conocido como Barroco se puede ubicar en líneas generales dentro de los siglos XVI y XVIII. Esta etapa de arte europeo funge entre el Renacimiento y lo que posteriormente se va definiendo bajo el concepto de los inicios de la Edad Moderna. Saber exactamente en qué momento la etapa o periodo del Renacimiento dejó de serlo, y decir que ya no se vive en tal momento, no fue, ni ha sido muy sencillo para los historiadores. Sin embargo, la mayoría coincide con el inicio de un nuevo estilo al edificarse una arquitectura en la que el empleo de las reglas clásicas se dan con ciertos aires de desviación y distorsión. Pedir y encontrar una explicación a la esencia de los hechos, es caminar en terrenos muy escabrosos. Por lo tanto existen tres supuestos que podemos aplicar para llegar admitir la trascendencia del Barroco -o a cualquier otro arte- como estilo artístico. Los cuales son [8]:

1. La obra de arte lleva un sentido, encierra una significación, no solo en cuanto a la obra de un hombre determinado, sino en cuanto al producto de una cultura.
2. Los cambios de estilo, las matizaciones temporales que el arte de una cultura recibe sucesivamente tienen también una explicación y una significación.
3. Que en esos cambios y matizaciones pudieran observarse ritmos y leyes [9].

Tales actitudes descritas califican al Barroco como un estilo consolidado. Si bien, la historia del arte es meramente un conjunto y clasificación de los hechos, entonces se puede añadir que la "esencia de la obra de arte está en la expresión y no en la forma." [10]

El Barroco es una determinada visión del mundo, un producto de trascendencia, posee contenido y actitudes espirituales

José Luis Lizárraga Valdez

humanas. Todo ello sumergido en un ambiente cultural en el que se dan motivaciones religiosas, éticas y sociológicas emanadas por una estética: la estética de la voluptuosidad. El 'hombre' fue el centro de interés en el periodo del Renacimiento, un tiempo en el que el "arte exaltador del cuerpo humano como dueño y señor del mundo que el hombre se hace la ilusión de dominar" [11]. Todo giraba en torno a él -el hombre-, es una etapa en el que los nuevos descubrimientos y el método científico se pone en práctica de manera desbordante, a tal punto de aplicarlo al dogma cristiano. Tales circunstancias provocaron una pérdida masiva en la fe católica. Lo que trajo como consecuencia que la Institución sufriera la disolución de sus bienes y monopolios, que durante el periodo clasificado como Edad Media tuvo arraigados sin problema alguno. El vasto conocimiento aportado, específicamente el de los griegos, es liberado de sus cuarteles monasteriales y dados a conocer. La iglesia es el centro de ataque por la ostentosidad de su economía y por lo austero e incongruente en su comportamiento devoto.

El hombre renacentista se puso como esencia misma; pensamientos y creencias nuevas se desataron; la reforma protestante se erigía. En poco tiempo, la iglesia católica drásticamente combate esta situación: "En 1545, con el concilio de Trento, empezó la Contrarreforma (que) emprendió una feroz lucha contra los protestantes" [12]. La Contrarreforma trajo como consecuencia un hacer arquitectónico, escultórico y pictórico, a lo que posteriormente identificaremos con precisión como estilo Barroco. El Barroco resurge trayendo consigo la representatividad de la autoridad católica y lo trascendente, después de ciertas reformas necesarias, la participación del pueblo.

El término Barroco se utilizaba en un inicio para describir a un arte considerado extraño y de mal gusto. El tiempo y las nuevas realizaciones artísticas cambiaron la apreciación trivial que se tenía. Ya enraizado, el Barroco es un estilo que presenta las siguientes características:

Es un estilo rebosante.
Aquí se difuminan los contornos claros.
Se dividen las paredes al máximo.
Se ornamentan y se transforman en formas curvas y móviles.
Las puertas y ventanas se coronan suntuosamente.

Se escenifica el poder y se aporta una sensualidad visual al espectador.

Un estilo recargado, desbordante, ampuloso.

"La invención de la geometría proyectiva y el cálculo infinitesimal en el siglo XVII abrieron el camino para nuevas formas arquitectónicas. El Barroco nos hace pensar en la geometría, en grandes volúmenes de espacio enmarcados por formas geométricas, por círculos, semicírculos, elipses, cúpulas; en formas que parecen incapaces de permanecer inmóviles, líneas que se dilatan, energía creativa concentrada que fluyen como escultura; las articulaciones desaparecen detrás del elemento decorativo" [13]. El círculo, visto como perfección y serenidad, fue símbolo del pensamiento en el tiempo renacentista, en el Barroco se contrapone al adoptar enfáticamente la forma elíptica: dinámica, tensa y desequilibrada. La persuasión entre el estilo Gótico y el Barroco se dieron distintamente, pues en este último "la mirada se pasea solemne y serenamente a través de la nave principal, prácticamente desbordada por la suntuosidad y las representaciones alegóricas para, a continuación dirigirse hacia el cielo en la cúpula" [14]. Como resultado se obtienen edificios que producen un efecto de monumentalidad. Tal variedad de decoración u ornamentación constituyeron un "arte global". La simetría es absoluta en casi todas las edificaciones barrocas, así como la acentuación del pórtico -acceso- constituye su eje central.

No existen fronteras entre la arquitectura, escultura y la pintura barroca, pues manejadas en combinación, aportan juegos ilusorios que interactúan para el espectador. Las fachadas son fuertemente analizadas debido a que se debaten en una combinación entre arquitectura y escultura. Dentro de la singularidad de escenificación, el arte Barroco utilizó el juego de espacio construido y espacio abierto, es decir, el auge de la utilización de jardines manejados y recortados al gusto, así como plazas, corredores, calles y avenidas, tanto para el peatón y para los coches de la época, -planeados para transitarlos cómodamente- es una aportación urbana que aportó el estilo. El hombre del momento es orientado hacia un mundo pasional, hacia un mundo en el cual hay que regocijarse para encontrar la salvación- lo contrario al ideal del hombre renacentista-, pues se es consciente que el hombre "es mortal" y la vida efímera, la cual hay que hacerla muy bella. En consecuencia se habla que el Barroco abarca dos factores: la representación del mundo visible y de lo invisible que se posee detrás de éste la trascendencia, un ideal perfecto. Pellicer [15] alude que lo trascendente del estilo empieza en la meditación de nuestros contactos con el más allá, o sea con la muerte y el éxtasis, entre ambos el Barroco es un intermediario entre lo corporal y lo ultraterreno, una dualidad natural del hombre.

Notas

1. Villegas, Víctor Manuel, "El Gran signo formal del Barroco", Barcelona: Editorial Ramón Sopena, 1957, p. 105.
2. Villegas, op. cit., p.107.
3. Montaya Rivero, M. Cristina, "Historia del Arte Mexicano", México: Salvat, 1986, p. 844.
4. Villegas, op. cit., p. 123.
5. D'ors, Eugenio, "Lo Barroco", Madrid: Editorial Aguilar, 1964, p.19.
6. Villegas, op. cit., p. 124.
7. González Galván, Manuel, "Historia del Arte Mexicano", México: Salvat, 1986, pp. 817 - 828.
8. La que se inició a fines del siglo XIX, referencia tomada de Dorfles, Gillo en "La Arquitectura Moderna", Barcelona: Seix Barral, 1967, p.5.
9. Weisbach, Werner, "El Barroco de la Contrarreforma", Madrid: Espasa-Calpe, 1948, pp. 10 -11.
10. Weisbach, op. cit., p. 12.
11. Weisbach, op. cit., p. 15.
12. Gympel, Jan, "Historia de la Arquitectura". De la antigüedad a nuestros días, Köneman, 1995, p. 52.
13. Gardiner, Stephen, "Historia de la Arquitectura", México: Trillas, 1994, p. 69.
14. Gympel, op. cit., p. 54.
15. Cirici Pellicer, A. "El Barroquismo", Barcelona: Editorial Ramón Sopena, 1957, p. 20.

Bibliografía

Cirici Pellicer, A. "El Barroquismo", Barcelona: Editorial Ramón Sopena, 1957.
Dorfles, Gillo, "La Arquitectura Moderna", Barcelona: Seix Barral, 1967.
D´ors, Eugenio, "Lo Barroco", Madrid: Editorial Aguilar, 1964.
Gardiner, Stephen, "Historia de la Arquitectura", México: Trillas, 1994.
González Galván, Manuel, "Historia del Arte Mexicano", México: Salvat, 1986.
Gympel, Jan, "Historia de la Arquitectura". De la antigüedad a nuestros días, Köneman, 1995.
Montaya Rivero, M. Cristina, "Historia del Arte Mexicano", México: Salvat, 1986.
Villegas, Víctor Manuel, "El Gran signo formal del Barroco", Barcelona: Editorial Ramón Sopena, 1957.
Weisbach, Werner, "El Barroco de la Contrarreforma", Madrid: Espasa-Calpe, 1948.

Mística y Arquitectura[1]

JORGE ANÍBAL MANRIQUE PRIETO

¿Si los místicos acuden a la palabra poética, para tratar de expresar la experiencia vivida, puede suceder lo mismo con el lenguaje arquitectónico? ¿Es posible que el diseñador de espacios habitables provoque experiencias místicas en el habitante? Aunque se conoce que hay puentes de relación entre el lenguaje poético y el lenguaje arquitectónico, cabe considerar que el lenguaje arquitectónico puede, en apariencia, estar en desventaja con la complejidad del lenguaje escrito u oral, es decir, el lenguaje de las palabras.

Sin embargo, y a pesar de las diferencias que se pueden encontrar entre estos tipos de lenguaje, no debería descartarse que el lenguaje arquitectónico también sea un instrumento para que el arquitecto, en su quehacer como diseñador de espacios habitables, pueda transmitir gran parte de las experiencias arquitectónicas y artísticas que han trastocado su vida como ser humano. En efecto, es notorio cómo en arquitecturas, como las diseñadas por Luis Barragán o Rogelio Salmona, se hace evidente esa intención de los arquitectos –digámoslo aquí: místicos– por persuadirnos y mostrarnos algo que transformó sus vidas.

Por ejemplo, en el caso de estos maestros, la experiencia de haber habitado en las lejanas tierras de Marruecos, los jardines y patios de la Alhambra. Pero, ¿cómo puede transmitir o tratar de transmitir un arquitecto esa experiencia habitada donde se conectó plenamente con el universo y además se reconoció a sí mismo, en su ser-estar en el mundo, a través del lenguaje arquitectónico? Sin duda no lo hace copiando, tal cual, los espacios donde se suscitaron esas experiencias. El arquitecto en su intento de transmitir lo vivido, al igual que el escritor de la poesía mística, hace uso de un lenguaje de contradicciones, de ambivalencias; utiliza un lenguaje polisémico como correlato. Al respecto comenta la Doctora Luce López Baralt [2]: "el místico usa un leguaje de contradicciones para tratar de transmitir su experiencia, un lenguaje apofántico, un lenguaje que se desdice; por ejemplo: el medio día obscuro, la noche clara."

En otras palabras, los místicos dice el Licenciado Mario Jesús Gómez: "tratan de recrear lo recorrido a través de palabras abiertas a muchos significados, para que el lector [habitante] también los recorra" [3], interpretándolos a su manera, en su ser y estar en un tiempo y lugar específico. En este sentido, el correlato arquitectónico de esos poemas que pueden evocar la experiencia mística, se puede traducir aquí como: los ritmos espaciales, los contrastes de lleno y vacío, de luz y sombra, de afuera adentro, de bifurcaciones en los recorridos, entre muchas otras estrategias proyectuales. Así, esas palabras arquitectónicas bien pueden sugerir experiencias de intimidad: entre el habitante y su otredad; entre el habitante con el todo: la inmensidad mística.

La intención de que una persona pueda recrear la experiencia del místico, se evidencia aún más cuando tiene la posibilidad de vivir instantes de soledad, de silencio; instantes donde pueda contemplar el mundo que le rodea, pero donde a la vez pueda meditar sobre su vida; tomar decisiones. Una silla, un recoveco, un muro ancho donde se pueda sentar; en un patio, en una terraza; al aire libre, sintiendo el rayo del sol, la frescura de una sombra; son aquellos rincones donde la arquitectura parece abrigar al ser humano, para que él se sienta en paz y confiado; para que se sienta en libertad, que es una de las cualidades de la experiencia mística.

La poeta María Bernárdez comenta que una de las grandes virtudes de la poesía, "además de permitir que nos conozcamos a nosotros mismos, es la facultad de ayudarnos a superar la orfandad, y de vincularnos a la vida". La poesía, dice ella, "es la unión con el todo; nos ayuda a forjar una unión comunada con la tierra y el universo. La poesía nos ayuda a tejer lazos de pertenencia, unión, fraternidad e identidad" [4]. Así mismo una obra arquitectónica que se esmera por ser un vértice de unión entre el ser humano y todo lo que lo rodea; es una arquitectura incluyente; una arquitectura que se convierte en poesía, para alimentar el alma de sus habitantes.

En cuanto a la pregunta de si ¿es posible que el diseñador de espacios habitables provoque experiencias místicas en el habitante? Puede decirse, como se comenta líneas atrás, que el arquitecto no podría garantizar que el habitante viva las experiencias tal cual él las intenta proyectar, sin embargo, lo que sí puede hacer es sugerírselas, propiciarlas mediante las palabras arquitectónicas o vocabulario espacial, para que el individuo tenga la oportunidad de habitar libremente experimentando -a su manera- los espacios arquitectónicos.

Por otra parte, según los especialistas en el tema, la experiencia mística no se vive necesariamente en un mismo instante –o periodo de tiempo-, y tampoco implica un orden secuencial. Cada persona puede experimentarla en espacios y tiempos diferentes; en ese sentido, la experiencia mística es personal (comenta la Doctora Luce López Baralt). Con este argumento se puede intentar establecer un puente entre la experiencia mística y la experiencia de la arquitectura. Creyendo en que es posible considerar la experiencia de cierta arquitectura con la misma estructura de la experiencia mística, nos tomamos el atrevimiento de transportarla al lenguaje de lo físico-material, haciendo alusión a algunas de las estrategias compositivas que el arquitecto puede usar (tal como lo hace el poeta místico con las palabras) durante la concepción de una obra arquitectónica, y por ende, también pueden evidenciarse en la experiencia habitable de los espacios construidos.

Dicen los especialistas: "La experiencia mística consta de cuatro etapas, que no necesariamente siguen un orden: a) Vía purgativa: aniquilación del ego; se entra en un estado de contemplación. b) Vía iluminativa: estado de felicidad, de éxtasis, donde se aprecia la verdad de las cosas. c) La noche obscura: muerte espiritual, pausa de crecimiento. d) Vía curativa: unión con el todo" [5].

Hagamos el correlato a la arquitectura de estas etapas: La vía purgativa se interpreta como las transiciones que podrían existir entre: la ciudad (o el contexto) y el objeto arquitectónico, los diferentes espacios habitables que componen la obra y los materiales que permiten dar forma al objeto arquitectónico. ¿Qué tanto piensa el arquitecto en esas transiciones? ¿Contempla el acceso del edificio como un elemento purificador, a manera de los atrios de los edificios religiosos? ¿Diseña las puertas y ventanas como umbrales entre el adentro-afuera, como se evidencia en los profundos vanos de muchas de las obras arquitectónicas coloniales de américa latina? ¿Cuida detalladamente el encuentro entre las diferentes materialidades que componen la obra, como lo hicieron, por ejemplo, muchos de los arquitectos de principios del siglo XX, entre ellos Mies Van de Rohe?

La noche obscura puede relacionarse con la negación que podría anteceder un alumbramiento; con la penumbra y la oscuridad que resaltan la belleza de la luz; también puede relacionarse con el juego entre el lleno y el vacío: de los volúmenes y los espacios que los articulan (patios, calles, plazas), o del muro y los vanos sabiamente dispuestos, para agudizar la relación interior-exterior. La noche obscura tiene relación también con el proceso creativo del arquitecto, en especial cuando se enfrenta al papel en blanco, y lo invade una sensación de incertidumbre, de obscuridad, de silencio, que antecede al desbordamiento de las ideas. La vía iluminativa podría establecerse en la obra de arquitectura, en la medida en que ésta le permita al habitante entrar en relación con su contexto (Material e inmaterial). Contemplarlo, reconocerlo, hacerlo evidente. Para ello el arquitecto puede proponer patios, galerías y vanos que enmarquen el exterior y permitan su contemplación.

Dicen los especialistas que la experiencia mística es: "un estado alterado de conciencia; una capacidad de aprehender de la realidad (verdad); una experiencia de conocimiento ultramundana; una experiencia contemplativa que transforma, que va más allá del espacio tiempo; y que permite establecer una relación con el origen de la totalidad" [6]. La obra arquitectónica puede llegar a ser el instrumento adecuado para que el ser humano entre en ese estado alterado de conciencia –conocimiento- en relación a su entorno, esto es: el verdadero reconocimiento de la esencia del paisaje, del clima y de la geografía; reconocimiento de las tecnologías constructivas o de las formas de habitar (tradiciones) de su localidad específica. Y no solo eso, las obras de arquitectura pueden ser instrumentos para que el ser humano vuelva a entrar en contacto con los elementos presentes en la inmensidad de este planeta tierra, y que son la evidencia de un origen común entre los seres humanos: el agua, el aire, la luz, la naturaleza, etc. La pregunta es ¿los arquitectos están sugiriendo, en las obras que diseñan, que el habitante establezca esa relación contemplativa con el universo?

Finalmente la vía curativa, punto culmen de la experiencia mística que es propia de todos los seres humanos, es la que se evidencia cuando el sujeto (que vive la experiencia) entra en unión con el todo. En esta etapa –comenta la Doctora López Baralt– acontece una extensión del yo; el observador y el observado son uno solo; se aprecia la verdad que está dentro de todo hombre; desaparecen los límites y se experimenta la libertad. Los seres humanos –dice la Doctora Ester Hernández, hablando de la obra de Enriqueta Ochoa- se convierten en templos donde mora toda la creación del universo; se experimenta el vacío, la nada, la soledad, es decir, la presencia de dios; y el ser humano se niega así mismo por amor. Esta etapa puede estar presente en la arquitectura, en la medida de que la obra permita que la relación contemplativa del universo pase a ser vivencial; es decir, que el habitante pueda entrar en contacto con esa realidad. De esta manera se entiende que no es suficiente con enmarcar un paisaje, o con ver el agua; el habitante debería entrar en ese paisaje, debería tocar el agua, debería sentir el viento o la luz del sol.

La maestra Ingrid Solana [7] dice que "La experiencia mística se abre a través de los sentidos"; en relación a ello no se puede negar que la vista es el sentido que más participa a la hora de experimentar las obras arquitectónicas; pero son los sentidos del tacto, el oído y el olfato los que permiten que esa experiencia espacial penetre en el "yo". La vista pone al habitante en relación a algo que está "allá", pero los otros sentidos hacen más evidente el "aquí", "el yo".

El origen de la arquitectura es albergar el desarrollo de las actividades humanas, y esas actividades van de lo público a lo íntimo. ¿Por qué no propiciar entonces espacios habitables que estén abiertos a esta doble manera de habitar en el mundo? ¿Espacios que estimulen la relación con el "allá" y con el "aquí", es decir con el yo? Los espacios para experimentar la soledad, o de otra manera, para la intimidad, no requieren de gran ingenio; al contrario, son aquellos que surgen de la cotidianidad del ser humano; o ¿qué complejidad puede haber en proponer, por ejemplo, una silla? Una escalera puede ser una silla, un antepecho puede ser una silla, un cubo de concreto puede ser una silla. Por qué no propiciar entonces muchos rincones de sillas, donde el habitante pueda sentarse a contemplar el universo entero, pero a la vez pueda pensar en sí mismo; es decir, pueda "estar". Esta es solo una de las múltiples posibilidades que tiene el arquitecto de proponer aquellos rincones para el encuentro con el universo y con uno mismo. Y ¿qué pensar de los patios, los vestíbulos, las terrazas, las ventanas profundas?, en fin.

La vía curativa en la arquitectura puede reflejarse en espacialidades que estimulen y agudicen todos los sentidos del habitante. Espacios que aíslen al ser humano de la mecanización, que propongan pausas dentro de este mundo cada vez más acelerado. Dicen los especialistas que "durante la experiencia mística se estimula un nuevo órgano de percepción: el Alma; el ojo del alma como lo llamaba san Agustín." El alma se recrea en la imaginación al recordar momentos gratos, pero también cuando el ser se proyecta hacia el cumplimiento de nuevas metas. En este punto es donde la poesía (en nuestro caso el lenguaje de la arquitectura) brinda las herramientas al poeta (arquitecto) para tratar de incentivar la experiencia mística en el lector, es decir, en el habitante.

Notas

1. Reflexiones basadas en el Coloquio: Poesía Mística en México y en América Latina, organizado por la Doctora Margarita León Vega, Instituto de Investigaciones Filológicas, UNAM, abril 2013.
2. Catedrática de literatura Española, de origen Puertorriqueño. Licenciada en Estudios Hispánicos de la Universidad de Puerto Rico, Maestra en Literaturas Románicas de la New York University y Doctora en Literaturas Románicas por la Universidad de Harvard. Ha realizado numerosos estudios en el campo de la literatura española y árabe comparada, en la literatura aljamiado-morisca y en misticismo comparado. Profesora invitada en universidades como: Harvard, Yale, Brown y Michigan State (Estados Unidos), Málaga (España), Universidad Nacional Autónoma de México y la Universidad de Buenos Aires.
3. Comenta el licenciado en Filosofía latinoamericanista y profesor de la escuela Normal Superior de México, en su ponencia titulada: "El viaje Místico de Ernesto cardenal. Del Bing Bang a la revolución sandinista".
4. Palabras mencionadas por la Poeta, cuando se le preguntó sí su poesía evocaba el estado de orfandad al que tanto le teme el ser humano. Jornada de "lectura de poesía" del primer día del coloquio.
5. Reflexiones basadas en el Coloquio: Poesía Mística en México y en América Latina, organizado por la Doctora Margarita León Vega, Instituto de Investigaciones Filológicas, UNAM, abril 2013.
6. Reflexiones basadas en el Coloquio: Poesía Mística en México y en América Latina, organizado por la Doctora Margarita León Vega,

Instituto de Investigaciones Filológicas, UNAM, abril 2013.

7. Licenciada y Maestra en letras en la UNAM, de Origen Oaxaqueño. Ha impartido clases en diversas universidades mexicanas, como la propia UNAM, el ITAM y la Universidad Panamericana. Cuentos, reseñas y poemas suyos han aparecido en publicaciones como Literal, Contrapunto, Punto de Partida y Andamios. Ha publicado dos libros de poesía: De tiranos (2007, Limón Partido) y Contramundos (2009, Instituto Mexiquense de Cultura).

Bibliografía

Reflexiones, Coloquio: "Poesía Mística en México y en América Latina", organizado por la Doctora Margarita León Vega, México: Instituto de Investigaciones Filológicas, UNAM, abril 2013.

De Potosí a Potosí: Urbanismo y poblamiento en dos villas virreinales de la América española

RAMÓN MORENO CARLOS

El encuentro entre españoles e indígenas, generó uno de los fenómenos de urbanización y reordenamiento territorial más impactante de la historia. El conquistador vivió en su encuentro con el "Nuevo Mundo", diversas experiencias; entre ellas, no sólo tuvo la oportunidad de conocer algunos de los principales asentamientos indígenas todavía en su momento de esplendor -como los casos de los pueblos mesoamericanos y de las tierras andinas-, sino que en otros, tuvo el privilegio de participar en la fundación, el ordenamiento y la ocupación de una gran cantidad de pueblos y ciudades.

Al respecto, los poblamientos de San Luis Minas del Potosí y de la Villa Imperial del Potosí se pueden ubicar en la segunda experiencia, pero además, presentan algunas otras particularidades. Entre ellas, podemos advertir el hecho singular de que la ciudad mexicana recibió su nombre - y quizá por primera vez en América -, a partir de la referencia de otra población virreinal, es decir, la villa imperial de Potosí en la actual Bolivia. También, cabe comentar que en ambos lugares, el desarrollo de las poblaciones españolas, criollas y mestizas, además de los poblados indígenas que las rodearon, fue impulsado sobre todo en el siglo XVII y, a partir de la intensa explotación y beneficio de los recursos minerales. Asimismo, los dos espacios formaron parte importante de los propósitos manifiestos durante la expansión española, es decir, tanto de la pacificación de los territorios con antigua presencia indígena, como de la administración y explotación de los recursos mineros; sin embargo, no debemos pasar por alto, que además de los militares, comerciantes y mineros, esas labores se apoyaron en el trabajo misionero, el cual, dejó una huella manifiesta en la conformación urbana y arquitectónica de los dos centros mineros.

La misión y la mina

Al consumarse la Conquista se inició de inmediato la expansión y, llegó entonces, la necesidad de ordenar los asentamientos en las tierras del Nuevo Mundo. En consecuencia, los conquistadores armados fueron sustituidos -al menos en importancia-, por los conquistadores de la fe, es decir, los misioneros cristianos de las distintas órdenes religiosas mendicantes y establecidas en Europa.

En el caso de Potosí, ubicado en el denominado Alto Perú, hoy Bolivia, si bien no hubo un asentamiento prehispánico, el lugar en que se desarrolló, formaba parte de una región que albergó a las más prosperas culturas costeras y, observó los tres momentos más importantes de la expansión del imperio inca. Esos momentos, presentaron en primer lugar, el período marcado por la cultura del Chavín; el segundo, corresponde a la expansión de la cultura de Tiahuanaco y se localizó cercano al lago Titicaca; y el tercero, marcado por el apogeo del Imperio Inca y con el predominio de lugares como Cuzco y Machu Pichu [1].

Para el caso de San Luis Potosí, las crónicas sobre la época inmediata a la Conquista no son abundantes ni acuciosas, y se refieren sobre todo, a la presencia de algunos grupos denominados como "pames" y "huastecos", ninguno de ellos, asentado en el valle de San Luis. Sin embargo y para el caso de nuestro interés, podemos comentar que poco tiempo después de la ocupación del valle, la llegada de los misioneros al territorio potosino se manifestó con características similares a lo sucedido en otros lugares de la Nueva España. Al respecto, debemos resaltar -y contrariamente a la creencia generalizada-, que la gran campaña de evangelización novohispana, no se efectuó en los atrios de los grandes conventos que hoy conocemos, sino y como lo ha descrito el Doctor Carlos Chanfón al revisar los textos del cronista Valadés -al inicio del capítulo XXIII de su Rhetorica Cristiana-, el primer trabajo de los monjes fue congregar a los indígenas dispersos por montes y desiertos [2].

Además, las crónicas y testimonios de la obra misionera, nos llevan a definir al religioso, como un elemento no sólo primordial para la pacificación del territorio "Chichimeca", sino para la avanzada del poblamiento en los asentamientos, los que se generaron con las campañas de ocupación de casi todos los territorios hispanos de América (3). Sin embargo, en la localización de las fundaciones misioneras, los objetivos no sólo eran religiosos, también los hubo comerciales y, sobre todo, como en los dos casos que nos ocupan, de interés minero. Por otra parte, debemos saber que para el año de 1513, el monarca español -Fernando V-, había dictado en Madrid las siguientes instrucciones reales a Pedrerías Dávila: "Y cuando hagan la planta del lugar repártanlo por sus plazas, calles y solares a cordel y regla, comenzando desde la plaza mayor y sacando desde ella las calles a las puertas y caminos principales y dejando tanto compás abierto que aunque la población vaya en gran crecimiento se pueda proseguir y dilatar en la misma forma" [4].

Lo anterior, estableció un criterio a seguir para la conformación de los primeros poblados hispanoamericanos; sin embargo, los ordenamientos formales y específicos para la traza y distribución espacial, tardarían casi cien años. No obstante, para la segunda mitad del siglo XVI, y con la experiencia previa de la fundación de varias ciudades, la corona española aprovechó tanto la vocación misionera como el interés minero, para conformar lo que puede identificarse como un incipiente patrón de urbanización y, el cual se aplicaría en las últimas fundaciones del siglo XVI, tanto en el virreinato de la Nueva España como en el virreinato del Perú [5].

Por lo mismo, en los lugares de mayor desarrollo poblacional y económico de la América virreinal y, revisando la conformación urbana que en sus centros históricos aún prevalece, podemos deducir que los criterios utilizados en la Villa Imperial de Potosí y la Villa de San Luis Minas del Potosí, obedecieron a un planteamiento urbanístico que recogía las experiencias españolas de los primeros años de expansión [6]. En él, se consideraba la prioridad del espacio español, respecto de su asentamiento cercano a la plaza, en tanto que los agrupamientos indígenas, eran ubicados en la cercana periferia; estos generaron espacios contiguos al núcleo central y con el paso del tiempo, pasarían de ser pueblos a conurbaciones denominadas como barrios [7].

En consecuencia, podemos señalar que tanto en el caso andino como en el novohispano, la naturaleza de las actividades productivas y su relación con el entorno físico -de valle o serranía-, así como la estabilidad social y económica que ofreciera cada lugar, favorecieron al hecho de que los asentamientos se fueran estructurando, con el paso de los años, de manera más ordenada [8]. Por lo mismo, el fenómeno de desarrollo urbano en ambos asentamientos virreinales, si bien obedeció a la acción militar española con sus objetivos de ocupación y pacificación, también se apoyó en la intermediación de la labor misionera, pero sobre todo, mantuvo las bases de su auge o decrecimiento, en los intereses económicos despertados por la riqueza mineral. Asimismo, la estructura interna de estas villas, fue el resultado de la influencia -en el espacio físico de la ciudad-, de diversos factores de índole geográfica, económica, política, así como religiosa y racial [9].

El orden urbano

Una gran parte del trabajo de urbanización en la América española, ya se había completado cuando fueron promulgados los ordenamientos que regirían formalmente, a todos los nuevos asentamientos americanos. Incluso podemos afirmar, que las Ordenanzas de 1573, sobre todo, las que se referían a "los pueblos de españoles", se basaron no sólo en la experiencia mendicante, sino en la apropiación de algunas formas y organizaciones prehispánicas, en especial, las de aquellos lugares que al momento del encuentro se encontraban en pleno esplendor [10]; tales fueron los casos de los Imperios Inca y Mexica y, sus ciudades principales.

Sin embargo, no debemos dejar de lado el hecho de que algunos personajes que acompañaron a las primeras fundaciones hispanoamericanas -sobre todo, los misioneros franciscanos y jesuitas-, tuvieron formaciones intelectuales que, bajo criterios renacentistas, les facilitaba aplicar un orden urbanístico semejante al que se había concebido para algunas ciudades europeas; en este sentido, el Doctor Chanfón Olmos, afirma que la concepción de una ciudad para los europeos, en los siglos del medioevo, tenía una explicación apoyada en la Filosofía grecolatina [11]. Por lo mismo, algunas de las disposiciones establecidas en las Ordenanzas, sólo pueden comprenderse dentro de un emplazamiento abstracto o modelo [12].

En el caso de "los pueblos de indios", la legislación llegó aún más tarde, cuando la labor misionera había concluido los principales asentamientos [13]. Estos ordenamientos promulgados hacia 1600, fueron sólo la expresión formal, de lo que en la práctica ya se había llevado a cabo, por medio de la labor de las órdenes religiosas [14]. Además de las variantes y similitudes que se puedan obtener de las comparaciones entre los asentamientos antes y después de "las ordenanzas", debemos considerar que los Reales mineros siempre tuvieron una reglamentación de excepción.

Por ello y aún con las diferencias topográficas, que en el caso de la Villa Imperial de Potosí y la Villa de San Luis Minas del Potosí, son evidentes y definitivas para su caracterización, en todas las ciudades mineras se observa un modelo urbano similar. Al respecto, podemos conformar el siguiente patrón de asentamiento: el centro del poblado lo presiden y articulan funcionalmente, las actividades mineras a través de las Cajas Reales; asimismo, los espacios monumentales del núcleo central rememoran la jerarquía del poder político y religioso. En el entorno más cercano, se sitúan las calles y los barrios ligados al comercio y los gremios, como los plateros o los sastres. En seguida y, sin alejarse de la centralidad de los espacios monumentales, el entorno de estos lugares deja ver las raíces de su fundación, es decir, el paisaje se enriquece con las bocaminas, las haciendas de beneficio y los talleres de maestranza, todos ellos, circundando al poblamiento, y realzando los cerros y las laderas. Ya en la proximidad de las vetas -en el caso de Potosí- y de las zonas agrícolas periféricas -en el caso de San Luis-, se ubican separados del centro, los pueblos de indios que surten la mano de obra minera, los oficios y las artesanías [15].

Las trazas históricas

En la relación permanente y dinámica del hombre con su espacio, existe quizá una rivalidad constante de su entorno inmediato y el universo, así como en los que se proyectó y finalmente construyó. Por ello no debemos alejarnos de toda referencia histórica sobre las simples o complejas formas geométricas del plano de una ciudad o poblado; no obstante cabe aclarar, que el espacio histórico como él de los dos lugares que estudiamos, ha trascendido a su inicial concepto geométrico. Por lo anterior, debemos en primera instancia reconocer y definir los conceptos geométricos que identifican a esas antiguas villas novohispana y andina; y en consecuencia, descubrir el modelo -en caso de existir-, o diseño del espacio, que ambas fundaciones tuvieron al momento de su asentamiento formal. "La dicotomía social de Potosí -entre españoles e indígenas-, se evidencia en la estructura urbana, que en el sector indígena refleja la disposición de las doctrinas y, sólo en el núcleo central, responde a los ideales del trazado octogonal propio de las Leyes de Indias. Cabe anotar, sin embargo, que tanto la trama urbana como la social tienen una fuerte interrelación con el quehacer minero y la tecnología hidráulica que los sustentaron" [16].

Al respecto, podemos apreciar una organización urbanística central de Potosí, bajo el esquema de damero, es decir una cuadrícula con calles orientadas norte - sur y sur - norte, y la prominencia de un núcleo central que albergaba la representación del poder civil y religioso [17]. Por otro lado, con el aumento de la explotación del mineral de Potosí, los trabajadores del lugar, se vieron obligados por parte de los azogueros, al transporte del material para su molienda a lugares provistos de agua; los cuales, en los primeros años de la fundación, se encontraban a una considerable distancia de la ciudad. Por lo tanto, la lejanía y las dificultades de ese transporte, provocaron la intervención de Toledo, quien ordenó construir represas en la cordillera cercana; ésta presentaba quebradas vertientes que facilitaron la recolección del agua originada en los deshielos de la sierra. En consecuencia, los españoles avecindados en la villa, crearon una red de embalses y conductos para facilitar el encauzamiento del agua [18]. Asimismo, el virrey Toledo mandó construir en su administración dieciocho represas, aunque para finales del siglo XVIII, la cantidad llegó hasta veintisiete. A partir de dichas obras, el agua proveniente de las lagunas, o represas, fue canalizada a través de un río artificial llamado "La Ribera" [19], nombre que se le dio por correr al pie del cerro, circundando algunas de sus orillas. Su curso se orientaba de Este a Oeste y servía, incluso, para dividir la población, es decir, al pie del cerro vivían los mitayos indios y al otro lado del río la población española, criolla y mestiza, además de los esclavos negros.

Ambos sectores se unieron mediante puentes y, en las dos márgenes de la ribera, se construyeron lugares para trabajar el mineral, que recibieron el nombre de ingenios (en la Nueva

España, se les conoce como haciendas de beneficio), los cuales, en tiempos de esplendor y riqueza mineral, llegaron a un número total de ciento treinta y dos; según el cronista Luis Capoche, es en el año de 1545 cuando el sistema de ingenios llegó a su apogeo, y en su descripción los ubica de la siguiente forma: cuatro construidos cerca de la laguna de Tabaco Nuño; nueve desde la laguna de San Sebastián, hasta el inicio de la villa; diecisiete en el área urbana de Potosí; tres en el camino a Tarapayá; veintitrés en Tarapayá y, otros treinta cerca de Tarapayá [20].

Hacia el año de 1598, la Villa Imperial de Potosí alcanza las características urbanas que apreciamos en la pintura de la época, es decir, cuenta con una estructura central ordenada en una cuadrícula simple y, se rodean a este núcleo español, los asentamientos indígenas, con un total de diez parroquias construidas y otras tres en proceso de construcción; asimismo, sobresalen en el paisaje potosino, el centenar de ingenios y la extraordinaria infraestructura edificada para la conducción del agua [21]. Por último y, contemplando el conjunto total de esta industrial villa virreinal, podemos apreciar que las formas y los desplantes de los ingenios y pueblos indígenas, contrastan en su trazado, con las líneas rectas y perpendiculares de las manzanas cuadriculadas del espacio central español, pero sin duda, este fenómeno de urbanística mixta, correspondió más al predominio y las características de la topografía andina, que a un propósito formal preconcebido.

En el caso de la Villa de San Luis Minas del Potosí, una ciudad que completaba un período de conformación urbana de casi cien años [22] según lo afirma el Doctor Alejandro Galván, la ciudad había consolidado su estructura urbana y arquitectónica en el siglo XVII, a partir de un orden central y el crecimiento de los siete pueblos de indios que la rodeaban; estos eran Tlaxcalilla, El Montecillo, San Sebastián, San Miguelito, San Juan de Guadalupe, Tequisquiapán y Santiago [23]. La traza urbana del poblado novohispano, respondió al esquema reticular del tipo "tablero de ajedrez"; lo anterior, con la facilidad topográfica que ofrecía el valle y que por lo mismo, no presentó dificultad alguna para ejecutarlo.

La plaza principal se dispuso en el centro del poblamiento, a sus lados se levantaron un templo y las casas reales, inicialmente el núcleo central de la ciudad, estuvo conformado por doce manzanas, cantidad que aumentó con el paso de los años y el desarrollo económico del lugar; sobre todo, a partir de la actividad minera del cerro de San Pedro. La referencia del siglo XVII para el pueblo de San Luis Potosí, es muy significativa y no por lo que pudo haber representado el caudal arrojado por las minas, sino porque en esos años, se establecieron en la villa, miembros de casi todas las órdenes religiosas más importantes de la Nueva España, entre ellos, los franciscanos, agustinos, jesuitas, juaninos y mercedarios, y se erigió el primer santuario de Guadalupe, primero en el virreinato novohispano dedicado a la Virgen de Guadalupe. Para 1628 se estableció La Real Caja y en el año de 1656, el pueblo de San Luis adquirió la a categoría de ciudad [24].

Epílogo

Aun cuando este ensayo se originó con el propósito de conocer las similitudes y diferencias, que pueden relacionar a dos de los más importantes poblados mineros de la América española: La Villa Imperial de Potosí y la Villa de San Luis Minas del Potosí; lo cierto es que la información consultada, nos puede facilitar el encuentro de elementos que construyan una definición, bajo características comunes de análisis, respecto de los fenómenos de urbanización hispanoamericanos. Asimismo, la identificación de los patrones seguidos, para los procesos de ocupación y conformación de los asentamientos, que tuvieron como advocación principal a la minería, son los siguientes:

1.- Los asentamientos españoles en América, fueron resultado de las campañas de ocupación, pacificación y evangelización de los territorios hostiles.

2.- El descubrimiento de minerales, en los virreinatos del Perú y la Nueva España, impulsó los propósitos de establecer poblaciones que surtieran de mano de obra a la minería y sus insumos.

3.- Los asentamientos mineros fueron organizados -antes de la aparición de las ordenanzas de 1573-, bajo la experiencia mendicante; en este sentido, se aprovechó la relación de ellos con los grupos indígenas, pero bajo la concepción cultural europea del espacio urbano.

4.- Las características formales de los reales mineros y los pueblos de indios y españoles, mostraron diferencias y similitudes; entre estas últimas, se pueden mencionar el orden central del asentamiento y la convivencia de dos dualidades: la cultural, dada por los españoles e indígenas; y la de autoridad, entre los religiosos y civiles.

5.- La influencia de los aspectos topográficos, en la conformación formal de los pueblos mineros, resultó evidente; por un lado, estaban aquellos poblados que se construyeron en la inmediatez de los yacimientos serranos, y presentaron una traza irregular; por otro lado, aquellos lugares que se desarrollaron en los valles cercanos, bajo una traza regular.

Notas

1. Elorrieta, Fernando, "El Valle Sagrado de los Incas: Mitos y Símbolos", Cuzco: S. I. 1966.
2. La construcción de monasterios o conventos, pudo realizarse hasta después de que la población se hubo convertido a la nueva religión. Antes, los monjes estaban ocupados en la predicación y tratando de cubrir el máximo territorio posible para la difusión de la religión. La afirmación, sin embargo, debe interpretarse con cuidado. Ya que según el Dr. Chanfón, la población del altiplano de Anáhuac era nómada y Valadés tuvo experiencias variadas predicando a los chichimecas de la frontera de Mesoamérica y, este pasaje o bien, está generalizando sus experiencias fronterizas sin suficiente precisión, o se está refiriendo a asentamientos de tipo dispersos, pero no de nómadas. En Chanfón Olmos, Carlos, "Arquitectura del siglo XVI", México: UNAM, colección de arquitectura, número seis, 1994, pp. 091-117.
3. Por lo general los religiosos no apetecieron estas responsabilidades, antes trataron de liberarse de las mismas, sobre todo a partir de la segunda mitad del siglo XVI, cuando la Corona fue cercenando su autoridad sobre los indios. En Rubio Mañé, Ignacio, "El virreinato", México: FCE, vol. II, 1992.
4. Munizaga Vigil, Gustavo, "Las ciudades y su historia: una aproximación", Chile: Pontificia Universidad Católica de Chile, 1999, (243p).
5. Incluso aún con el surgimiento de pugnas entre la autoridad civil y religiosa, la Corona adopta el método misionero de crear asentamientos en base a la congregación de indios, en un determinado lugar, procurando su cercanía a zonas como las agrícolas o mineras. En Kubler, George. "urbanismo, en Arquitectura mexicana del siglo

XVI", México: FCE, 1992, pp.73-107.

6. Ídem. Después de la avanzada religiosa y militar, se levantaba una cruz en el sitio que se consideraba mejor ubicado, se procedía entonces a un trazo inicial de calles con un criterio simple de orientarlas norte - sur, y oriente - poniente. En el centro se generaba un espacio abierto, y en torno a él se decidía la ubicación de una capilla provisional. Por último venía la asignación de áreas para quienes componían el poblamiento.

7. En el caso de la Villa de San Luis Minas del Potosí, se puede afirmar que después de dos siglos y para finales del siglo XVIII, la ciudad de San Luis Potosí esta territorialmente consolidada, ya que al menos, tienen una conformación central y una periferia constituida por barrios; la primera con población de orígenes español y criollo y la segunda, con origen indígena y de castas. En Montejano y Aguiñaga, Rafael, "Urbanística, en Centenario del ferrocarril en San Luis Potosí", México: AHESLP, 1991. Y Moreno Carlos, Ramón, "El entorno construido a partir de la introducción del ferrocarril Central. Estudio comparativo entre los poblados de Alaquines y Cárdenas en el estado de San Luis Potosí", 1880 - 1904. México, Tesis para obtener el grado de Maestría, El Colegio de San Luis, A. C., 2002.

8. Para el caso de la Villa Imperial de Potosí, Teresa Gisbert manifiesta que a través de un plano del Siglo XVI, se puede apreciar una ciudad del Potosí con las poblaciones indígena y española divididas; el espacio que ocupaban los indios, pese al hacinamiento, rebasa del 60% de la ciudad; cuando se construyó la ribera se aprovechó para separar la población india de la española, generándose la construcción posterior de 14 parroquias al norte de la ribera y 2 en las alturas del camino a Chuquisaca, en el área indígena y dos al sur de la plaza mayor, dentro del poblado español. Estas parroquias, en el poblado indígena, generaron el crecimiento de barrios, con una estructura y organización semejante a la de los pueblos reducidos, es decir, con sus propios alcaldes en un régimen similar al de las doctrinas. Los barrios se ordenaban por callejones, y las casas se estructuraron con una planta cuadrada hasta comienzos del siglo XVII; los barrios sirvieron también para agrupar a los indígenas según su procedencia, y tuvieron los siguientes nombres: San Sebastián, San Martín, San Benito, Santa Bárbara, San Pedro, Concepción, San Cristóbal, San Francisco, San Bernardo, San Lorenzo, Copacabana, San Juan, San Pablo y Santiago. En Gisbert, Teresa y de Mesa José, "Arquitectura Andina": 1530-1830. Bolivia: Embajada de España, Imprenta Don Bosco, 1997, (432p). Para el caso de San Luis Potosí, Alejandro Galván menciona que La ciudad de San Luis, se identificó estrictamente -hasta la primera mitad del siglo XIX-, con los elementos

tradicionales de las trazas urbanas novohispanas, es decir, su parte central presentaba una plaza flanqueada por las residencias del poder político, la Iglesia católica y los personajes adinerados. Asimismo, las manzanas se ordenaron en damero, o lo que podría entenderse como una cuadrícula regular o tablero de ajedrez. Esta estructura urbana, presentaba también a los elementos que caracterizaron el ordenamiento territorial y los privilegios de la propiedad rústica y urbana, durante la época virreinal, entre otros: la acumulación de grandes extensiones en manos del clero regular y los terratenientes españoles; la conformación de huertas y haciendas de beneficio que ocupaban los mejores y más amplios espacios urbanos; así como, la definición de los límites al crecimiento de las áreas habitacionales y productivas, a partir de la conveniencia de la Iglesia y los hacendados, incluso con la aceptación, o por lo menos anuencia, del poder político. En Galván Arellano, Alejandro, "La ciudad de San Luis Potosí en el siglo XVII", México: Tesis para el grado de Doctor en Arquitectura, UNAM - Facultad de Arquitectura, 1998.

9. Un estudio importante que identifica los elementos más comunes de la estructura urbana novohispana, es de Carlos Arvizú, quien los enlista de la siguiente forma: la traza urbana, el esqueleto urbano, la plaza mayor, las plazas secundarias, las plazoletas, los templos, los conventos, las casas reales, los barrios y otro tipo de elementos de infraestructura como fuentes, puentes y acueductos. En Arvizu García, Carlos. "Urbanismo novohispano en el siglo XVI", en Estudios sobre urbanismo iberoamericano, siglos XVI al XVIII, España: Consejería de Cultura - Junta de Andalucía, 1990, pp. 181-224.

10. Ídem. Dos tipos de centros urbanos albergaron a la sociedad novohispana: las ciudades españolas y los pueblos de indios. Esta separación entre ambos grupos raciales no obedeció a criterios de la segregación racial: el principio promovido por los mendicantes, tenía más bien como objetivo proteger al indio de la explotación europea. Este principio se aplicó en la práctica en forma muy relativa. Las ciudades destinadas a la habitación exclusiva de la población española nunca existieron en la Nueva España: siempre fueron centros de población mixta.

11. A partir de esas ideas, hubo una ideología del mundo como centro del universo y por ende, las ciudades principales europeas eran desarrolladas desde esa concepción; es decir, su traza histórica obedeció tanto a la necesidad de adecuarse al entorno geográfico, como a la jerarquía que el núcleo del poder principal religioso -monárquico (monasterios - castillos), tenía sobre los otros conglomerados (feudos - villas). Este modelo urbano era ajustado a las características de cada ciudad, incluso, estaba marcado por las

115

Ramón Moreno Carlos

influencias de sus habitantes, propios ó extraños; tal era el caso de la influencia mora en los reinos españoles. En Chanfón, *op. cit.* pp. 091-117.

12. Reales ordenanzas expedidas por Felipe II, en San Lorenzo del Escorial, el 3 de mayo de 1573.

13. Las políticas seguidas por los españoles en el proceso de conquista y colonización de la Nueva España incluyeron en todos los casos a la población indígena. Distintas acciones urbanas estuvieron diseñadas específicamente para el control de los naturales a fin de imponer los sistemas municipales castellanos. Podemos distinguir tres tipos de pueblos de indios: El primer tipo engloba a los pueblos cuya existencia deriva de la política establecida por los españoles para la concentración de la población indígena; el segundo, abarca a los pueblos anteriores a la conquista que permanecieron en su misma localización, conservando algunos rasgos característicos sobre los cuales se impusieron elementos de nueva acuñación para los indígenas, particularmente el templo. La cantidad de pueblos de estos dos tipos es muy numerosa. El tercer tipo lo constituyen los pueblos fundados inicialmente como pueblos de indios en los que se sumaron posteriormente españoles. En Arvizu, *op. cit.*, pp. 181-224.

14. Kubler, *op. cit.*, pp.73-107.

15. Sariego Rodríguez, Juan Luis. "La huella de la minería en el territorio", en Estudios demográficos y urbanos, México: COLMEX, 1996, pp. 327-337.

16. Gisbert, *op. cit.*, (432p)

17. Con la llegada del Virrey Francisco de Toledo, en 1572, se da comienzo a la reorganización urbanística del poblado, aunque esta sólo pudo lograrse en su parte central, la cual fue trazada en damero, permaneciendo el resto del asentamiento con una traza irregular y correspondiente al requerimiento del trabajo minero. En Fernández, Teodoro y Pérez de Arce Rodrigo, "Bolivia, apuntes de un viaje". Santiago de Chile, s. i., 1974.

18. Gisbert, *op. cit.*, (432p)

19. "La Ribera", también fue mandada construir por el virrey Toledo, y para ello, se narra que fue necesario hacer una zanga toda de cal y canto, de 10 varas de ancho y 1 legua de largo, es decir, más de 8 metros por 5 kilómetros y medio, aproximadamente. En De Orsúa Arzáns y Vela Bartolomé, "Historia de la villa imperial de Potosí", USA: Lewis Hanke y Gunnar Mendoza - Brown University Press, 1965. (3vols.).

20. Gisbert, *op. cit.*, (432p)

21. Fernández, *op. cit.*

22. Hacia 1585 pequeños grupos indígenas pacificados y evangelizados formaron pequeños pueblos en el valle que hoy ocupa la capital del

estado. El descubrimiento de las minas de cerro de San Pedro y la falta de agua suficiente en ese lugar, motivó que el capitán Miguel Caldera y don Juan de Oñate fundaran el pueblo de San Luis de Mexquitique y Minas del Potosí junto a los poblados indígenas, el 3 de noviembre de 1592. Sesenta años más tarde obtiene el título de ciudad. En Monroy Castillo, María Isabel y Tomás Calvillo Unna. "La incógnita de los mil rostros", en Breve historia de San Luis Potosí, Recuperado de http://biblioteca-digital.ilce.edu.mx/sites/estados/libros/sanluis/html/sec_6.html.

23. A principios del siglo XVII, Leonel de Cervantes inició la construcción de las casas reales y de la cárcel. Para ello, se impuso contribución sobre la carne, vino, maíz y harina que entrase al pueblo; en cambio, no se autorizó que se gravara la plata. La iglesia mayor del pueblo de San Luis se terminó en 1609; en este mismo año sólo había en el pueblo un reloj de sol, por el que medían sus actividades los habitantes del lugar. Los jesuitas, al poco tiempo de llegar, recibieron de Juan de Zavala Fanárraga las casas que habían sido la morada de su tío Juan de Zavala. Al principio, ejercieron su ministerio en la parroquia, pero poco después comenzaron a hacerlo en la ermita de la Santa Veracruz que les cedieron los vecinos, cesión que fue confirmada por el obispo de Michoacán en 1625. El convento de la Merced se comenzó en 1626 y no puede considerarse como fundación definitiva sino hasta 10 años después, por no haber tenido todas las licencias correspondientes y enfrentar la oposición de franciscanos y agustinos, a pesar de las numerosas donaciones de los vecinos del pueblo. El pueblo y las minas de San Luis Potosí se convirtieron en la ciudad de San Luis Potosí por un decreto emitido en 1656. Su Cabildo estuvo compuesto por un alcalde, un provincial de la Santa Hermandad, un depositario general, un alguacil mayor y seis regidores. El principal y reconocido sostén de la ciudad de San Luis Potosí fue la minería. Por esta razón, en 1686 el alcalde mayor mandó que la ciudad gozara de tres leguas de territorio para todo lo que le conviniera y que todos los mineros, sus allegados, sirvientes y personas dedicadas al servicio del acarreo de metales, agua, leña y otros utensilios de la minería pudieran servirse de dichos terrenos, ya fuera para ranchear y poblar con sus muladas y caballadas o bien para cualquier otro propósito relacionado con la minería. Dentro de las tres leguas, ninguna otra persona podría poblar con sus ganados mayores, ni menores ni pretender su propiedad. El reclamo al derecho de estos privilegios, drásticamente disminuidos, fue una de las principales causas de los llamados Tumultos del Cerro de San Pedro, casi un siglo después. La ciudad de San Luis sufrió varias inundaciones durante el siglo XVII (en 1672, 1681, 1688), por lo que se mandó abrir una zanja de 2 000 varas

de largo por seis de ancho y hasta dos y medio de profundidad en algunos trechos, para proteger a la ciudad de las avenidas de agua que bajan de la sierra suroccidental y que amenazaban destruirla. San Luis tendría entonces alrededor de 2000 personas y 24 000 en toda su jurisdicción. En Galván *op. cit.*

24. Monroy, *op. cit.*

Bibliografía

Arvizu García, Carlos. "Urbanismo novohispano en el siglo XVI", en Estudios sobre urbanismo iberoamericano, siglos XVI al XVIII, España: Consejería de Cultura - Junta de Andalucía, 1990.

Chanfón Olmos, Carlos, "Arquitectura del siglo XVI", México: UNAM, colección de arquitectura, número seis, 1994.

De Orsúa Arzáns y Vela Bartolomé, "Historia de la villa imperial de Potosí", USA: Lewis Hanke y Gunnar Mendoza - Brown University Press, 1965. (3vols.).

Elorrieta, Fernando, "El Valle Sagrado de los Incas: Mitos y Símbolos", Cuzco: S. I. 1966.

Fernández, Teodoro y Pérez de Arce Rodrigo, "Bolivia, apuntes de un viaje". Santiago de Chile, s. i., 1974.

Galván Arellano, Alejandro, "La ciudad de San Luis Potosí en el siglo XVII", México: Tesis para el grado de Doctor en Arquitectura, UNAM - Facultad de Arquitectura, 1998.

Gisbert, Teresa y de Mesa José, "Arquitectura Andina": 1530-1830. Bolivia: Embajada de España, Imprenta Don Bosco, 1997.

Kubler, George. "urbanismo, en Arquitectura mexicana del siglo XVI", México: FCE, 1992.

Monroy Castillo, María Isabel y Tomás Calvillo Unna. "La incógnita de los mil rostros", en Breve historia de San Luis Potosí, Recuperado de http://biblioteca-digital.ilce.edu.mx/sites/estados/libros/sanluis/html/sec_6.html.

Montejano y Aguiñaga, Rafael, "Urbanística, en Centenario del ferrocarril en San Luis Potosí", México: AHESLP, 1991.

Moreno Carlos, Ramón, "El entorno construido a partir de la introducción del ferrocarril Central. Estudio comparativo entre los poblados de Alaquines y Cárdenas en el estado de San Luis Potosí", 1880 - 1904. México, Tesis para obtener el grado de Maestría, El Colegio de San Luis, A. C., 2002.

Munizaga Vigil, Gustavo, "Las ciudades y su historia: una aproximación", Chile: Pontificia Universidad Católica de Chile, 1999.

Rubio Mañé, Ignacio, "El virreinato", México: FCE, vol. II, 1992.

Sariego Rodríguez, Juan Luis. "La huella de la minería en el territorio", en Estudios demográficos y urbanos, México: COLMEX, 1996.

El museo como espacio sagrado

DANIELA OSORIO OLAVE

Introducción

La presente reflexión se plantea como un acercamiento a la arquitectura de museos desde la perspectiva de las humanidades. Lejos de ser un estudio histórico, el documento pretende indagar, a través del mito, en el origen del ser del museo y en los procesos que otorgan a esta institución la calidad de espacio sagrado. La intención del texto es encontrar pautas simbólicas para el diseño y el análisis de los espacios museísticos que, siguiendo a Nicolai Hartmann, nos informen sobre los estratos más profundos de la arquitectura de museos.

1. Origen del museo en el mito

Al comenzar a desentrañar el origen mítico del museo, la etimología nos puede servir de guía. La palabra *museo* viene del latín *museum*, proveniente a su vez del griego *mouseion*, "casa de las Musas". Las nueve diosas hijas de Zeus: Clío, Euterpe, Talía, Melpómene, Terpsícore, Erato, Polimnia, Urania y Calíope eran, junto con Apolo, patronas de las artes y las letras en la mitología clásica. Encontramos entonces que desde la raíz de su nombre el museo está vinculado con el mito [1]. Ahora bien, siguiendo algunas ideas expuestas por Cassirer en su libro *El mito del Estado*, tenemos que la necesidad de ordenar, dividir y clasificar los elementos del entorno es una de las constantes del pensamiento mítico; dividir a la sociedad en distintos grupos y jerarquías, ordenar, agrupar y separar plantas, animales y objetos según su apariencia o su utilidad son sólo algunas de las manifestaciones de este "instinto de clasificación". Según Cassirer, el origen de dicho instinto se encontraría en el "deseo de la naturaleza humana de avenirse con la realidad, de vivir en un universo ordenado, y de superar el estado caótico en el cual las cosas y los pensamientos no han adquirido todavía forma definida y estructura"[2].

En cuanto al origen del museo como institución, varios autores coinciden en que éste surge a partir de colecciones privadas tanto de objetos *naturalia* como *curiosa artificialia* (obras de arte, objetos de culto, curiosidades científicas, etc.) De hecho, el primer tratado museográfico que se conoce, la *Museographia* de Caspar Friederich Neickel, publicada en Hamburgo en 1727, "es una obra expresiva del afán clasificador y enciclopedista de la Ilustración"[3]. En este libro, Neickel daba una serie de consejos a los coleccionistas sobre la elección de los lugares adecuados para acoger los objetos y la mejor manera de clasificarlos así como conservarlos. Resulta, entonces, que la necesidad de clasificar y ordenar el mundo para poder aprehenderlo, es común al hombre primitivo y al hombre ilustrado; lo cual coincide con los planteamientos de James Frazer expuestos en el texto de Cassirer, quien plantea que "el hombre que ejecuta un rito mágico no difiere, en principio, del hombre de ciencia que hace un experimento en su laboratorio" [4].

La colección y clasificación de objetos nos da una primera pista hacia la definición del origen mítico del museo. Siguiendo la lectura y la opinión de Cassirer encontramos que, la antropología proporciona herramientas teóricas para la comprensión del mito a partir del rito. Desde este punto de vista el mito en la vida del hombre es algo más que "pura fantasmagoría", es decir, su función trasciende el mundo de las ideas y las creencias para convertirse en fundamento de un hacer activo y concreto: la actividad ritual. Mito y rito, nos dice Cassirer, cumplen una función en la vida social del hombre al proporcionarle un sentido de unidad e identidad colectiva. El aspecto de colectividad es fundamental en la explicación del mito, ya que éste "es una objetivación de la experiencia social del hombre, no de su experiencia individual" [5].

Ahora bien, ¿en qué medida podemos afirmar que dentro del museo se llevan a cabo actividades rituales? Por lo pronto, encontramos dos respuestas posibles a este cuestionamiento. La primera de ellas apunta hacia lo que varios autores consideran como la función esencial del museo: la conservación y protección del patrimonio cultural. La segunda hace referencia a otra actividad que da razón de ser al museo: la difusión de la cultura y, por tanto, la participación de un público. En cuanto a la función ritual de la conservación del patrimonio, valdría la pena, en primera instancia, preguntarnos por la importancia que reviste dicho proceso para una comunidad. El patrimonio cultural, según apunta Luis Alonso Fernández, "continúa siendo el elemento expresivo más destacado de la evolución y el desarrollo de la Humanidad… La exégesis del patrimonio es al propio tiempo la explicación de la vida integral del hombre sobre la tierra a través de los hechos y objetos por él producidos a lo largo de los tiempos, y conservados y transmitidos generación tras generación hasta nuestros días" [6].

El patrimonio es, entonces, portador de la memoria colectiva de un pueblo. Su conservación responde en principio a la necesidad humana de identificarse en el presente a partir del pasado y a su vez, representa un compromiso de continuidad hacia el futuro. La función ritual de la conservación del patrimonio (y, por ende, una de las funciones rituales del museo) atiende, pues, al "profundo y ardiente deseo que sienten los individuos de identificarse con la vida de la comunidad" [7] y a su vez a la perpetuación de dicha identidad, asegurando la permanencia futura. Así, la empresa de la conservación es la de asegurar un vínculo entre lo que fue y lo que vendrá. El ritual de la conservación, para concluir este punto, no es un acto pasivo de anquilosamiento cultural, sino una actividad transformadora que actúa sobre el presente y se proyecta hacia el futuro. En tanto que conlleva una función ritual, la conservación del patrimonio tiene su contraparte en la difusión o colectivización de dicho patrimonio. Para que la función ritual de identidad y perpetuación sea significativa, debe ser colectiva; de tal forma que el público asistente cierre el ciclo de dotar de significado al patrimonio. En otras palabras, un museo sin público no tiene razón de existir como tal. El público es el interlocutor necesario del museo si es que esta institución se plantea como parte activa de la comunidad a la que pertenece. Para que el discurso del museo sea significativo, necesita del ritual de la asistencia colectiva. Mito y rito son elementos esenciales y cotidianos en el museo.

2. La sacralización de los objetos
El ritual del museo se basa en los objetos que contiene y en su

significado simbólico. La sacralización de los objetos *museables* comienza en la actividad de coleccionar. Los objetos *de colección* son más que meros objetos. Son objetos cargados de significado. Un objeto de colección (sea obra de arte, antigüedad, insecto, herramienta) tiene un significado especial, en primera instancia, para el coleccionista. Cuando por alguna razón (valor histórico, científico, económico, artístico, etc.) la colección trasciende el ámbito individual y adquiere un valor de significación colectiva, los objetos que la componen se transforman en *patrimonio* de una comunidad. En este proceso de sacralización de los objetos, el museo ha jugado históricamente un papel relevante, siendo la institución la encargada de determinar cuáles piezas son dignas de formar parte de sus colecciones y cuáles no lo son. Las primeras, catalogadas ya como *piezas de museo*, ingresan a un espacio privilegiado donde "cada objeto…adquiere una dimensión simbólica (…) y al mismo tiempo se presenta como un objeto que es capaz de abrir el espíritu de quien lo contempla a una experiencia mística y estética que le sobrepasa" [8].

Tomemos, a manera de ilustración del proceso de *museificación* de un objeto, el mismo ejemplo que usa Martin Heidegger en *Arte y Poesía* para encontrar la esencia del arte: unos zapatos de campesino [9]. Heidegger llega a la esencia del arte al buscar lo que lo útil tiene precisamente de útil. Par tal fin, el autor recurre a un cuadro de Van Gogh que representa unos zapatos de campesino, en el que el cuadro *habla*. A través de él, Heidegger llega a la esencia del ser útil de los zapatos. El cuadro de Van Gogh "pone en operación la verdad de los zapatos", es decir, revela aquello que los zapatos de campesino *son*. Del mismo modo que un par de zapatos (objeto por demás común y prosaico) puede ser motivo de una obra de arte, al ser revelada su verdad en ella, puede cualquier objeto –por un proceso de transmutación simbólica- formar parte de la colección de un museo. El par de zapatos de campesino, dependiendo del discurso museográfico, puede lo mismo formar parte de un museo antropológico o histórico, que de un museo de arte. Una vez *museificado,* el par de zapatos es algo más que un par de zapatos y su valor primero, es decir ser-útil, se transforma en ser-histórico o en ser-estético. A partir de los rituales de conservación y significación colectiva, los objetos del museo se sacralizan.

3. La arquitectura de museos, contenedor de objetos sagrados

Hablemos ahora del lugar donde el mito y el rito cobran forma: el espacio del museo. Hemos dicho con anterioridad que las funciones rituales del museo son básicamente conservar y difundir. Rápidamente percibimos la ambigüedad de esta afirmación: por un lado, conservar nos remite a *guardar* mientras que difundir nos habla de *exhibir*. Y es precisamente en esa tensión guardar-exhibir donde se encierra la complejidad de la arquitectura del museo. Para percibir esta tensión con mayor claridad, vayamos de la mano de Bachelard hacia la intimidad y la poética de los espacios para guardar –el cajón, los cofres y los armarios-. La primera imagen que nos sugiere Bachelard es la del escondite, donde el hombre, "gran soñador de cerraduras, encierra o disimula sus secretos" [10]. Los cajones –memoria e inteligencia- sirven para ordenar y clasificar. El armario, cuyo espacio interior es un espacio de intimidad, no se abre a cualquiera. De hecho, "el verdadero armario no es un mueble cotidiano. No se abre todos los días. Lo mismo que un alma que no se confía, la llave no está en la puerta." Por último, el *cofrecillo*, donde "se encuentran las cosas inolvidables, inolvidables para nosotros y también para aquellos a quienes legaremos nuestros tesoros. El pasado, el presente y un porvenir se hallan condensados allí. Y así, el cofrecillo es la memoria de lo inmemorial" [11].

En el ámbito doméstico, los espacios de guardar encierran amorosamente y en secreto objetos especiales, cuidadosamente seleccionados y ordenados que habremos de legar en el futuro. Objetos escondidos de la mirada, visibles sólo para los elegidos. ¡Pero ese es justamente el modo de guardar que no pueden permitirse los museos! Hoy en día, los museos públicos tienen la obligación de exhibir aquello que guardan. ¿Qué nos dice todo esto sobre el diseño de la arquitectura de museos? Por un lado, que los museos no pueden ser espacios cerrados, elitistas e inaccesibles, ya que deben invitar a un público históricamente reticente –esa es nuestra realidad- a acceder a sus colecciones. Por otro lado, un museo que tiene bajo su custodia objetos patrimoniales, como es el caso de la mayoría de los museos públicos, no puede plantearse como una vitrina cuya única finalidad es exhibir sus contenidos, ya que de esta manera se estaría negando el papel de la conservación.

Ahora bien, estoy consciente de que hablar de la sacralización de un espacio podría prestarse a confusión. Por ello, valdría la pena aclarar un par de asuntos: en primer lugar, cuando hablo de *espacio sagrado* en el museo no me estoy refiriendo a ningún tipo de culto religioso, sino a una consideración mucho más primitiva y común a la humanidad en su conjunto, que se manifiesta en la designación de lugares para actividades rituales -en puntos anteriores he aclarado en qué términos considero las funciones del museo como rituales-. Nombrar y delimitar espacios es una de las necesidades más primigenias del hombre, ya que a través de esta actividad el entorno cobra sentido. El espacio en la vida del hombre no es un espacio homogéneo e indiferenciado, sino un espacio *cualificado*. El espacio sacro, dotado de una fuerte significación, se opone al espacio profano, "sin ningún tipo de consistencia y al que no se le depara ninguna estima… una entidad amorfa, caracterizada por poseer una completa homogeneidad" [12].

En segundo lugar, estoy en contra de la afirmación, sostenida por varios autores de que el espacio "sagrado" automáticamente se convierte en espacio inaccesible. (Tesis sostenida por arquitectos que pretenden crear espacios museográficos "puros", carentes de significado propio, con la intención de evitar el protagonismo de la arquitectura). Sagrado, en los términos aquí planteados, no es sinónimo de ostentoso o lujoso. La *sacralidad* de un espacio no está peleada con su *funcionalidad* o su emplazamiento, cuestiones fundamentales para el correcto desempeño del museo. En esta aproximación hacia un modo de entender lo esencial en la arquitectura de museos, nos puede resultar de gran utilidad la teoría del trasfondo de la arquitectura de Nicolai Hartmann.

4. El trasfondo en la arquitectura de museos

La *Estética* de Hartmann plantea que en las artes hay varios niveles o estratos perceptibles a través de una obra. Concretamente en la arquitectura, Hartmann habla de seis estratos, tres internos y tres externos e Intentemos aplicar esta lectura de manera general a la arquitectura de museos. Comenzando por los estratos externos, "si se parte de que cada obra arquitectónica cumple con un propósito práctico, se mueve dentro de proporciones espaciales y por ello tiene que luchar contra la oposición de la materia burda, se podrán distinguir en ella tres estratos externos" [13].

La composición según un propósito práctico. En términos actuales se refiere a cumplir adecuadamente con el funcionamiento. Para Hartmann lo funcional y lo estético deben ser compuesto de manera orgánica dentro de la obra arquitectónica.

La composición espacial. Cumplir la función no niega la posibilidad de jugar con la espacialidad de la obra. Incluso, dice Hartmann, es posible alcanzar efectos espaciales relativamente importantes con escasos medios

La composición dinámica. Se refiere a la coherencia entre la configuración espacial y su *constructibilidad*, entre forma, materia y técnica.

Así pues, tenemos que los tres estratos más aparentes de la arquitectura se refieren a la función, al espacio y a la construcción, considerados todos ellos, no lo olvidemos, como partes integrales de la estética de una obra. Ahora los estratos internos, que son "aquellos que dicen algo de la vida y del ser anímico de los hombres que construyeron" [14] y que, aclara Hartmann, no necesariamente están presentes en todas las obras arquitectónicas.

El espíritu o sentido en la solución de la tarea práctica, se refiere a la influencia del modo de vida, particularmente de la vida comunitaria, en la selección de una solución por encima de todas las soluciones posibles. Es el reflejo de un vínculo estrecho entre un estilo de vida y un estilo arquitectónico. Actualmente, lo traduciríamos como sentido de identidad.

La impresión de conjunto de las partes y el todo. Es la expresión de la obra a través de la composición espacial y la composición dinámica… "expresa algo del carácter y del modo de ser colectivo de los hombres que crearon, a lo largo de muchas generaciones, estas formas" [15]. Es un lenguaje que habla sobre el modo de habitar de una comunidad.

La expresión de la voluntad vital y del modo de vida: es la "idea de la obra arquitectónica" [16]. Este estrato corresponde a la concepción del mundo y a la expresión de la concepción de sí mismo del hombre en colectividad. Es el reflejo en la arquitectura de una "comunidad humana viva, con ideales y nostalgias comunes" [17].

La intención del presente ensayo, como quedó expresado en la introducción, es señalar la necesaria existencia de estos estratos profundos en la arquitectura del museo y proponer un camino de aproximación hacia ellos a través del origen simbólico del museo y de los rituales de conservación, significación e identificación que en él se llevan a cabo. Ojalá se logre infundir la idea de que es precisamente desde la esencia de los tres estratos internos –identidad, expresión del modo de habitar colectivo, expresión de la concepción del mundo y de sí mismo– que se debe resolver lo externo –función, espacialidad, construcción– y no viceversa.

Notas

1. Fernández, Luis Alonso, "Museología y museografía", Barcelona: Ediciones del Serbal, 1999.
2. Cassirer Ernest, "El Mito del Estado", México: FCE, p. 22
3. Fernández, op. cit., pp. 18-19
4. Cassirer, op. cit., p.22
5. Ídem.
6. Ídem.
7. *Ídem*.
8. Hernández, Francisca, "El museo como espacio de comunicación", Gijón: Ediciones Trea, 1998, p.83.
9. Heidegger, Martin, "*Arte y Poesía*/ Der Ursprung des Kunstwerkes" (tr. Samuel Ramos), México: Fondo de Cultura Económica, 1958.en su traducción de este libro usa la palabra *labriego*. Yo prefiero usar la de *campesino* por ser de uso más común.
10. Bachelard, Gastón, "La Poética del Espacio", México: F.C.E. 2001.
11. Ídem.
12. Agís Villaverde, Marcelino, "Mircea Eliade una Filosofía de lo Sagrado", Santiago de Compostela: Universidad de Santiago de Compostela, 1991, p. 136.
13. Hartmann, Nicolai, "Estética", México: Universidad Nacional Autónoma de México,1977.
14. Ídem.
15. Ídem.
16. Ídem.
17. Ídem.

Bibliografía

Agís Villaverde, Marcelino, "Mircea Eliade una Filosofía de lo Sagrado", Santiago de Compostela: Universidad de Santiago de Compostela, 1991.

Bachelard, Gastón, "La Poética del Espacio", México: F.C.E. 2001.

Cassirer Ernest, "El Mito del Estado", México: FCE, 1947.

Fernández, Luis Alonso, "Museología y museografía", Barcelona: Ediciones del Serbal, 1999.

Hartmann, Nicolai, "Estética", México: Universidad Nacional Autónoma de México,1977.

Heidegger, Martin, "*Arte y Poesía/* Der Ursprung des Kunstwerkes" (tr. Samuel Ramos), México: Fondo de Cultura Económica, 1958.

Hernández, Francisca, "El museo como espacio de comunicación", Gijón: Ediciones Trea, 1998.

La Iglesia de Combray: Un lugar en el tiempo

LUZ AURORA PIMENTEL ANDUIZA

Y en estos grandes libros hay partes que sólo han tenido tiempo
de ser esbozadas, y que sin duda no serán jamás concluidas
a causa de la misma amplitud del plano del arquitecto.
¡Cuántas grandes catedrales permanecen inacabadas!
Proust, *El tiempo recobrado*, 1998).

I

Uno de los grandes símbolos de *En busca del tiempo perdido* es
la iglesia de Combray; de hecho el inicio de la sección del mismo
nombre, que constituye la segunda parte de *Por el camino de
Swann*, está organizado en torno a la iglesia. Proust la describe
minuciosa y reiteradamente añadiendo, capa tras capa descriptiva,
formas de significación fuertemente simbólicas. La iglesia es
principio organizador del espacio ficcional y figuración del tiempo
mismo, pues para el narrador era "un edificio que ocupaba, por
decirlo así, un espacio de cuatro dimensiones, la cuarta era la
del Tiempo." Esta cuarta dimensión introduce una especie de
discontinuidad en la percepción de la ciudad, ya que los otros
edificios al ser solamente tridimensionales quedan separados de
la iglesia por esta dimensión abstracta del tiempo que, al no ser
una cualidad sensible, es asequible sólo a la imaginación. Si el
carácter provincial de la iglesia de Combray la hace materialmente
contigua de las casas, esa contigüidad espacial tangible tiene como
correlato una separación abismal invisible que sólo la conciencia
del tiempo permite percibir. Cierto que, gracias a esta vecindad de
provincia, las flores de Mme Loiseau invaden juguetonas los muros
de la iglesia, pero "no por eso aquellas fucsias eran sagradas
para mí; entre las flores y la piedra negruzca en que se apoyaban,
aunque mis ojos no percibían ningún intervalo, mi alma distinguía
un abismo." (Proust, 1998).

Continuidad en el tiempo, contigüidad en el espacio, frente a
una discontinuidad en la percepción y en el sentido: Proust habrá
de proyectar esta tensión entre lo continuo y lo discontinuo, entre lo
material y lo imaginario simbólico, en la forma misma de describir
la iglesia. De entrada, es evidente la discontinuidad textual que

caracteriza a la descripción. Si buscáramos una analogía pictórica, la iglesia de Combray sería tanto una serie de cuadros impresionistas como un solo cuadro cubista. Lo serial y lo simultáneo: un edificio que ocupa un lugar en el mundo, un desarrollo en el tiempo. Porque el trabajo descriptivo genera efectos de sentido no sólo análogos a la pintura sino también a la música; esa arquitectura en el tiempo se estructura de manera casi musical.

La iglesia de Combray: un lugar en el tiempo, un objeto icónico y musical. "Combray" se inicia con una descripción panorámica de la iglesia y la ciudad, pero luego el relato pasa a la rutina de la tía Léonie, misma que a su vez se interrumpe para volver a la descripción de la iglesia. Cuando ésta termina, Proust regresa a la rutina de la tía Léonie, que a partir de ese momento se convierte en secuencia dominante. De este modo, las primeras páginas de "Combray" están organizadas en torno a cuatro secuencias intercaladas: iglesia, Léonie, iglesia, Léonie. La forma en que se interrumpen las secuencias, así como los intervalos entre una y otra, sugieren una suerte de musicalización en la "construcción" verbal, y en principio pictórica, de esta iglesia: una estructura fugada de las secuencias narrativo-descriptivas. En un primer momento, el relato tiene como centro la descripción de la iglesia, mientras que la rutina de Léonie ofrece un contrapunto, el irónico contrapunto de las pepsinas y los oficios. Al terminar la descripción de la iglesia, es la rutina de Léonie la que se vuelve dominante. Así Proust construye su iglesia; por una parte, como un gran cuadro cubista, debido a las distintas perspectivas superpuestas y, al mismo tiempo, como una serie de cuadros impresionistas; por otra parte, la desarrolla musicalmente como una fuga.

Otro aspecto de la musicalización de la iglesia reside en el dinámico ir y venir entre perspectivas espaciales y temporales: la iglesia se describe en términos de distancia (lejos/cerca) y movimiento (es, sin embargo, el contemplador el que está en movimiento); luego, cambia la perspectiva espacial a las categorías interior/exterior, animadas también por su temporalización. La descripción de la iglesia de Combray termina focalizándose en el campanario, para luego desplegarse en un abanico de descripciones de campanarios, que a su vez están organizadas en términos de distancia y tiempo: de lejos, de cerca; a distintas horas del día (en la mañana, al mediodía, en la noche); en distintas estaciones del año; finalmente, desde una perspectiva temporal más vasta, se nos ofrece una viñeta de campanarios análogos vistos a lo largo de la vida del narrador. Observemos más de cerca este fenómeno descriptivo-simbólico.

Como en una gran "obertura", "Combray" arranca con una panorámica de la ciudad:

Combray, de lejos, en diez leguas a la redonda, visto desde el tren cuando llegábamos la semana anterior a Pascua, no era más que una iglesia que resumía la ciudad, la representaba y hablaba de ella y por ella a las lejanías, y que ya vista más de cerca mantenía bien apretadas, al abrigo de su gran manto sombrío, en medio del campo y contra los vientos, como una pastora a sus ovejas, los lomos lanosos y grises de las casas, ceñidas acá y acullá por un lienzo de mural al que trazaba un rasgo perfectamente curvo como en una menuda ciudad de un cuadro de primitivo.

Es notable el cuidado que tiene Proust (1998) en trazar sus coordenadas espacio-temporales antes de proyectar la imagen de Combray a un plano metafórico. Primero establece el punto focal desde donde describe: "de lejos, en diez leguas a la redonda, visto desde el tren" -luego la época del año- "la semana anterior a Pascua", a lo cual sigue una significación abiertamente simbólica que es la de la iglesia como resumen de la ciudad, como síntesis de lo diverso, heterogéneo y desordenado que es este caserío de provincia. En torno a esta significación simbólica se teje la hermosa imagen de la pastora y sus ovejas que nos propone una visión "estereoscópica" de la realidad, otra clase de síntesis. Porque cuando Proust metaforiza la relación espacial entre la iglesia y la ciudad de Combray como una pastora y su rebaño, se genera una doble ilusión referencial cruzada (las casas y las ovejas; la iglesia y la pastora); más aún, el especial efecto icónico de la metáfora hace que las casas dejen de tener techos y/o muros, para adquirir, efectiva y textualmente, "lomos lanosos y grises". La imagen del espacio proyectado ya no embona en una realidad propuesta como idéntica a la descrita, sino que se proyecta sobre la tela de fondo de otra realidad posible, dando a luz a una criatura híbrida y plenamente textual: casas con lomos lanosos.

La metáfora remite también a significaciones más abstractas, no necesariamente visuales, como lo serían el sentido de protección y el de comunicación con la campiña. De manera muy especial, la metáfora unifica, hace continuos esos dos espacios, el urbano y el rural. Más aún, esta figura de la pastora con su rebaño tiene un valor intersemiótico, ya que, a más de ser una construcción verbal, remite a una infinidad de formas visuales que repiten la misma configuración (pinturas, dibujos, ilustraciones, fotografías, etc.). Es tal vez la cualidad de objeto semiótico que tiene la pastora reuniendo a sus ovejas lo que intensifica notablemente el efecto visual de la descripción metafórica de Combray y de su iglesia.

El intenso efecto icónico que cierra esta descripción inicial culmina con la referencia a un cuadro de primitivo. El símil proyecta la iglesia sobre un objeto pictórico, "cristalizando" la descripción, "pintando" así el primer cuadro de la iglesia de Combray. Tras un "intervalo" de oficios y pepsinas, que mantiene narrativamente alerta a la tía Léonie, regresamos a la iglesia para entrar, no sólo en el edificio de hoy, sino en el caleidoscopio cambiante de una aventura en el tiempo. Poco a poco se va significando esta iglesia como gótica; entre los objetos presupuestos, aparecen, a la entrada de la iglesia, las laudas: lápidas sepulcrales sobre el piso, con figuras, inscripciones y escudo de armas talladas en bronce.

El viejo pórtico de entrada, negro y picado, cual una espumadera, estaba en las esquinas curvado y como rehundido (igual que la pila de agua bendita a que conducía), como si el suave ("doux") roce de los mantos de las campesinas, al entrar en la iglesia, y de sus dedos tímidos al tomar el agua bendita, pudiera, al repetirse durante siglos, adquirir una fuerza destructora, curvar la piedra y hacerle surcos (...) Las laudas, bajo las cuales el noble polvo de los abades de Combray, allí enterrados, daba al coro como un pavimento espiritual, no eran ya tampoco de materia inerte y dura, porque el tiempo las había ablandado y vertido, como miel fundida [car le temps les avait rendues douces et fait couler comme du miel] rebasando los límites de su labra cuadrada, que aquí superaban en dorada onda [flot blond], arrastrando las blancas violetas de mármol, y que en otros lugares se reabsorbía contrayendo aún más la elíptica inscripción latina, introduciendo una nueva fantasía en la disposición de los caracteres abreviados y acercando dos letras de una palabra mientras que separaba desmesuradamente las demás.

Es indudable que la primera parte de la descripción nos deja una impresión de la fuerza destructora del tiempo, en la que está implícito el sentimiento de amargura frente a la constatación de ese poder destructor. Mas el tiempo que todo lo destruye y todo lo deforma, lo ha hecho a través de un roce suave y constante. En esta suavidad del roce, y de manera cumulativa, Proust nos va preparando para la admirable transformación metafórica del tiempo en miel: un dulce fluir que todo lo transfigura. La metáfora del tiempo como miel fundida resume y cristaliza todo el efecto de la descripción.

Asistimos maravillados a una verdadera transmutación, pues la piedra, de materia inerte y dura, por la suavidad y dulzura del tiempo *(douce)*, acaba transformándose en miel que fluye para luego acceder, a través de su liquidez, a una significación acuática: una inundación. En francés, la palabra "douce" tiene un doble sentido: suave y dulce. En la primera parte de la descripción, se activa el sentido de suavidad por oposición a la dureza de la piedra, pero al introducir la metáfora de la miel, se activa el sentido de dulzura; simultáneamente, la piedra se hace líquida casi ante nuestros ojos. El tiempo que antes se nos había presentado como fuerza destructora de aquellas laudas que no eran sino "materia inerte y dura", ahora aparece como un agente de transformación y, por ende, de construcción; es el tiempo el que primero suaviza la materia, y luego la transforma, de inerte y dura, en un fluido dulce y maleable, la miel; un fluido dorado que al desbordar sus riberas se torna, gradualmente y por el milagro de la metáfora, en un río torrencial que se lleva las flores a la deriva y termina en inundación, letras distendidas, inundadas de tiempo y dulzura.

Mas de repente, nos damos cuenta que en todo este proceso de transformación hemos estado frente a uno de los lugares comunes de la cultura occidental, desde Heráclito, por lo menos: el tiempo como agua, la vida como río. Sólo que a tan trillada metáfora hemos llegado por una puerta de acceso insospechada que reanima la profunda significación del "fluir" del tiempo. A su paso, el tiempo arrasa con todo, mas al destruir construye: nuevos objetos, nuevas relaciones que desembocan en nuevas significaciones, letras que se juntan, otras que se contraen, otras más, distendidas, se alejan a la deriva para crear nuevas palabras. En una novela sobre el tiempo, ésta es una de las metáforas memorables, pues nos ofrece, en la experiencia misma de lectura, "un poco de tiempo en estado puro". Es de notarse, por ejemplo, que toda la descripción de las lápidas se da desde un punto de contemplación estático: en el universo de la ficción nada ocurre en ese momento; el narrador describe lo que aquel muchacho que él fue contempló en la iglesia de Combray: un contemplador inmóvil frente a un objeto estático.

No obstante, el dinamismo, la impresión de un verdadero devenir, se genera a partir de la intrincada red de relaciones metafóricas que la descripción de las lápidas propone: una experiencia del fluir del tiempo, una construcción semántica en y por el tiempo. Traspuestas las sepulcrales lápidas, en el interior de la iglesia el ritmo descriptivo se acelera, como un torbellino de luz y color, en un supremo intento por fundir el espacio de afuera con el de adentro. Son los vitrales, como luminosos mediadores entre la interioridad y la exterioridad, los que permiten incorporar, crear una mañana soleada dentro de la iglesia: "Las vidrieras nunca tornasolaban tanto como en los días de poco sol, de modo que si afuera hacía mal tiempo, de seguro que en la iglesia lo hacía hermoso"." En medio de esta sinfonía de luz y color hace su aparición la historia como leyenda: las figuras merovingias representadas en los vitrales y tapices, la leyenda de Dagoberto y las reliquias", "todas tan antiguas, que se veía brillar acá y allá su plateada vejez con el polvo de los siglos"." Al contemplar a estos luminosos personajes, los caprichos de la percepción crean figuras de caleidoscopio que hacen de esta iglesia no sólo un mágico lugar en el tiempo sino en la imaginación. Al mirar la figura del rey Carlos VI, formada por "un centenar de cristalinos rectangulares en los que predominaba el azul" (Proust, 1998), la figura cambia y se anima por efecto de los rayos de sol venidos del exterior, aunados a una exaltada percepción, como fuente de iluminación interior: "mi mirada al moverse paseaba por la vidriera, que se encendía y se apagaba, un incendio móvil y precioso tomaba el brillo mudable de una cola de pavorreal y luego se estremecía y ondulaba, formando una lluvia resplandeciente y fantástica que goteaba de lo alto de la bóveda rocosa." (Proust, 1998), No todo, sin embargo, es luz y color en la iglesia de Combray. Aun la interioridad está contaminada de lo cotidiano efímero: el vitral de Carlos VI bien puede convertirse en "un incendio móvil y precioso" que se agita en azules ondulaciones de pavorreal; esto no impide que junto a él se arrodille la prosaica Mme Sazerat "dejando en el reclinatorio de al lado un paquetito muy bien atado de pastas que acababa de comprar en la pastelería de enfrente" (Proust, 1998); la iglesia, lo hemos visto, bien puede informar al caserío, resumiéndolo, protegiéndolo como la pastora a sus ovejas; no por ello pierde la iglesia su carácter "familiar, medianero", su contigüidad con la casa de Mme Loiseau, su fealdad... ¿Y cómo hablar del ábside de la iglesia de Combray? ¡Era tan tosco, y carecía de tal modo de toda belleza artística y hasta de inspiración religiosa! Por fuera, como el cruce de calles en que se asentaba, el ábside estaba más en bajo, su tosco muro se elevaba sobre un basamento de morrillos sin labrar, erizados de guijarros y sin ningún carácter especialmente eclesiástico; las vidrieras parecían estar a demasiada altura, y el conjunto más semejaba muro de cárcel que de iglesia.

¡La iglesia de Combray! Poética y prosáica, de una gran belleza y de una tosca fealdad; inmersa en los siglos y la leyenda, pero vecina de las casas y la farmacia; inerte y pesada, con muros carcelarios que, sin embargo, soportan el ímpetu de elevación del campanario y la flecha; viejas piedras gastadas, sumidas en la penumbra, que se van afilando en las piedras soleadas del campanario y que al entrar "en esa zona soleada, suavizadas por la luz, parecían subir mucho más arriba, ir más lejos, como un canto atacado en voz de falsete, una octava más alto. La oposición entre lo sublime y lo grotesco, lo material y lo inmaterial, lo oscuro y lo luminoso, se resuelve así en una armonía musical -la relación entre octavas- esa armonía que es producto de la síntesis de opuestos. Al iniciarse el tema descriptivo del campanario, Proust regresa, temporalmente, al inicio de "Combray". Nuevamente estamos en el tren llegando a la ciudad; nuevamente la descripción del campanario de Saint-Hilaire se anima por el movimiento que el contemplador proyecta sobre el objeto contemplado: el campanario corre frenéticamente fundiendo el cielo con la tierra, "corriendo por todos los surcos del cielo." Como en la descripción de la iglesia, aunque de manera aún más intensificada, el campanario habrá de someterse a todas las perspectivas posibles: temporales, espaciales y subjetivas.

Cada "cuadro" representará un objeto, supuestamente idéntico, y, sin embargo, siempre distinto: desde una esquina aparece como una aguja "tan sutil, tan rosada, que parecía una raya hecha en el cielo con una uña"; al despertar los domingos, resplandece sobre la pizarra como un "sol negro"; al atardecer, cuando para el niño se acerca la hora de dormir, no es de sorprender que el campanario sea descrito como un "almohadón de terciopelo pardo", como no es sorprendente que a la hora de comer ese mismo campanario se nos convierta en un "brioche": "teníamos enfrente el campanario, que, dorado y recocido como un gran brioche bendito, con escamas y gotitas gomosas de sol, hundía su aguda punta en el cielo azul".

El procedimiento impresionista en la descripción es evidente: el objeto no tiene una realidad estática y, por tanto, las imágenes que proyecta no pueden ser las mismas. Aquí, como en la serie de cuadros que pintó Monet representando la catedral de Rouen, lo que pasa a un primerísimo plano es una triple coordenada: espacial, temporal y subjetiva. No es la forma intrínseca del objeto contemplado lo que importa sino desde dónde se le contempla, a qué hora, y en qué estado de ánimo está inmerso el contemplador. De este procedimiento impresionista en la descripción resultan hermosos cuadros "monocromáticos", tan al gusto de la época, como el de la torre contigua al campanario: Cuando se acercaba uno y se veía el resto de la torre cuadrada y medio derruida, que, menos alta que la del campanario, aún subsistía junto a ella, sorprendía ante todo el tono sombrío y rojizo de la piedra; en las brumosas mañanas de otoño, elevándose por encima del tormentoso color violeta de los viñedos, hubiérase dicho que era una ruina purpúrea, del color casi de la viña virgen. Cuadros monocromáticos, "color del tiempo" que, al reconstruirla poéticamente, despliegan a la iglesia en el tiempo. Tiempo de un día, de las estaciones del año, de toda una vida... La serie de cuadros culmina en la apoteosis de una verdadera viñeta de campanarios, venidos de otros lugares, otros tiempos. Ante nuestros ojos se suceden uno tras otro campanarios análogos, en una vertiginosa metamorfosis del objeto material a describir: campanario.

En Combray uno solo era a veces representado como si fueran varios y distintos: una raya sutil, un almohadón, o un brioche. A estas transformaciones habrá que añadir campanarios como peces y conchas marinas, por estar localizados junto al mar, cuadros de Piranesi; campanarios, en fin, vistos en distintos años, desde distintas perspectivas, para volver al final, en una especie de reprise sinfónica, al campanario de Saint-Hilaire: visto "en las calles de detrás de la iglesia", "a las cinco de la tarde". Desde ciertos ángulos el campanario parece elevar "bruscamente con su aislada cima la línea que dibujaban los tejados"; desde otros, "después de haberse elevado volvía a bajar en su otra vertiente"; camino a la estación "se le veía oblicuamente, mostrando de perfil aristas y superficies nuevas"; mientras que desde las márgenes del río Vivonne "el ábside, musculosamente recogido e hinchado por la perspectiva, parecía nacido del esfuerzo que hacía el campanario para lanzar su aguja hasta el mismo corazón del cielo". Imágenes cubistas e impresionistas de Combray, la serie de cuadros que la construye es un desarrollo en el tiempo, que la analogía con la música y la estructura fugada de la descripción refuerzan; pero también es una sólida construcción en el espacio que el alto valor icónico de las descripciones le confiere, y las constantes referencias pictóricas cristalizan.

No obstante, si la iglesia de Combray es un lugar en el tiempo, no lo es sólo en el tiempo exterior de la historia de Francia, o el tiempo igualmente exterior de la "historia" de este mundo de ficción. A partir de la introyección subjetiva de esta construcción verbal, la iglesia se incorpora a la imaginación de Marcel, donde vivirá para luego volver a proyectarse en la construcción de este libro. En *El tiempo recobrado* asistimos a la destrucción física de todo Combray durante la primera guerra mundial. La iglesia no existe más, ni en el tiempo ni en el espacio de la ficción; empero, esa iglesia prolonga su existencia en un plano espiritual, pues sobrevive en la memoria de Marcel. Ya para entonces, si la iglesia ocupa un lugar en el tiempo, ese lugar está en el tiempo del recuerdo, a partir del cual se la ubicará en un lugar simbólico. Hacia el final de *El tiempo recobrado*, Marcel afirma que habrá de construir su libro como una iglesia. Precisamente por las dimensiones del proyecto narrativo y por el tiempo que requiere para su realización, su libro, tal vez adolecerá de las mismas limitaciones que enfrenta la construcción de una iglesia, entre

139

las cuales destaca la incompletud: "¡Cuántas grandes catedrales permanecen inacabadas!" Pero también, por lo desmesurado del proyecto, habrá siempre el peligro de la incomprensión por parte del lector (...) la idea de mi construcción no me abandonaba un solo instante. No sabía si sería una iglesia, en la que los fieles sabrían poco a poco aprender verdades y descubrir armonías, el gran plan de conjunto, o si esto quedaría como un monumento druídico en la cúspide de una isla, algo siempre no frecuentado.

El libro como catedral no es sólo una analogía caprichosa; hay, en efecto, un evidente esfuerzo de construcción de vastas dimensiones, centrado en el principio de simetría. Por ejemplo, el primer volumen, que se ocupa del relato de lo que ocurría durante la niñez de Marcel en Combray, tiene su correlato estructural en la primera parte del último volumen, que está dedicada a la última visita que hace el narrador a Combray. En esta segunda visita narrativa al escenario de su infancia, el relato vuelve sobre sus propios pasos: una vez más acompañamos al narrador en sus paseos por el camino de Swann y por el de Guermantes... sólo que ahora es de noche, Marcel es ya un viejo, y el mundo ha dejado de ser un lugar mágico. Así como Combray I se mira en Combray II, también se tiende un arco narrativo que va de Balbec I, en *A la sombra de las muchachas en flor*, a Balbec II, en *Sodoma y Gomorra*; ambas "nervaduras" narrativas se reunen en un "arco quebrado", sintético y simbólico, que es toda la secuencia de Venecia en *La fugitiva*. Por las evidentes limitaciones de espacio, no abundaré en estas formas de estructuración simétrica, pero son ellas las que primero sugieren lo justo de la metáfora del libro como iglesia.

Por otra parte, la dimensión temporal de *En busca del tiempo perdido* tiene en verdad el carácter de una vasta construcción en el tiempo. Parecería como si los atributos de la iglesia de Combray fueran, simbólicamente, los mismos que los de esta obra en su totalidad, este libro que reconcilia los opuestos, que no establece relaciones de tipo causal entre las secuencias sino que simplemente se suceden como una serie de descripciones o de relatos aparentemente sin relación unos con otros; sin embargo, la arquitectura de la obra es el principio unificador que reune lo disperso y lo heterogéneo; que concilia lo sublime y lo sórdido. Porque el universo narrativo de la Recherche no sólo está hecho de experiencias casi místicas como la de la "magdalena", sino de los perversos ires y venires del barón de Charlus o las probables relaciones sáficas de la enigmática Albertine, pasando por la promiscuidad de Odette y el fastuoso espectáculo de las "Artes de la Nada" en los salones de la aristocracia y la alta burguesía francesa. Finalmente, en la escritura de este libro, como en la construcción de una catedral, se incorporan todos los azares, los errores y los accidentes de una construcción que se da en el tiempo y que por ello está marcada de lo heterogéneo, lo cual no obsta para lograr una suerte de unidad, una unidad en y a pesar de lo disparatado, lo aleatorio o lo arbitrario. Así, la iglesia, como el libro, al resumir lo diverso, le da forma a lo informe.

Proust va matizando el carácter aleatorio de su escritura con metáforas afines. Habrá de preparar su libro "minuciosamente, con perpetuos reagrupamientos de fuerza, como para una ofensiva, soportarlo como una fatiga, aceptarlo como una regla, construirlo como una iglesia, seguirlo como un régimen..." Pero también habrá de escribirlo como trabaja su sirvienta, Françoise, "trabajaría junto a ella, y casi como ella (...), pues pinchando de aquí o de allá una cuartilla suplementaria, construiría mi libro, no me atrevo a decir ambiciosamente como una catedral, sino más sencillamente como un vestido". A fuerza de pegar unos con otros estos papeles, que Françoise llamaba mis papelotes, se desgarraban por todas partes. En caso necesario, Françoise podría ayudarme a conservarlos, de la misma manera que remendaba las partes usadas de sus vestidos o que en la ventana de la cocina, esperando al vidriero como yo al impresor, pegaba un trozo de periódico en el lugar de un vidrio roto.

Así este libro-iglesia está hecho con los materiales que, con el tiempo y en sus distintos tiempos, quedan por azar más a la mano; lleno de remiendos, de correcciones y de olvidos, de imprecisiones y vacilaciones; de partes que sólo son provisionales y otras que no embonan entre sí. Una vasta estructura que se cumple, inacabada, en el Tiempo.

Bibliografía

Proust, Marcel, "En Busca del Tiempo Perdido", (vol. 1): Por el camino de Swann, Barcelona: Alianza Editorial, 1998.

Sobre los autores

Claudio Daniel Conenna

Arquitecto ítalo-argentino, nacido en Tandil-Buenos Aires-Argentina, (1959), graduado en la Facultad de Arquitectura y Urbanismo de la Universidad Nacional de la Plata, Argentina/1984. Ph.D. en el Politécnico de la Universidad Aristóteles de Tesalónica -Grecia/1999. Es arquitecto proyectista en diferentes estudios, trabaja independientemente en Argentina y en Grecia. Dentro de sus actividades académicas; es docente de Diseño Arquitectónico e Historia de la Arquitectura en la Facultad de Arquitectura y Urbanismo de la Universidad Nacional de la Plata, Argentina (1985-93). Es Docente de Diseño Arquitectónico y Teoría de la Arquitectura en la Facultad de Arquitectura de la Universidad Aristóteles de Salónica en Grecia (2001- hasta la actualidad). Cuenta con diversas publicaciones, como 40 artículos, aproximadamente sobre los diferentes edificios y arquitectos de la arquitectura contemporánea, su obra consta de los libros: *Arquitectura Griega monástica, una propuesta orgánica* (2007) y *Dibujos en la arena, los proyectos no realizados* (2009). Tiene dominio del español, inglés, italiano y griego.

Alberto de la Luz Hernández

Maestro en Arquitectura por la Universidad Nacional Autónoma de México.

Irasema Gallo Ramírez

Preconstruction Manager, Data center en Lend Lease Mexico, trabajó en LEED AP -Design coordinator – Sustainability. Cursó sus estudios de Maestría en Arquitectura en la Universidad Nacional Autónoma de México y participó como docente en la UNITEC.

Vania Verónica Hennings Hinojosa

Nace en La Paz, Bolivia. Doctora en Arquitectura (Mención Honorífica) y Maestra en Arquitectura, opción Diseño Arquitectónico, por la UNAM. Arquitecta graduada de la Facultad de Arquitectura y Artes de la Universidad Mayor de San Andrés de La Paz, Bolivia. Cuenta con un Posgrado en Administración de Empresas en la Escuela de Negocios Los Andes y es Técnico Superior en Diseño y Decoración de Interiores de la Universidad Nuestra Señora de La Paz. Docente titular en las asignaturas de Seminario de Grado, Práctica Profesional y Habilitación Profesional en la Universidad Nuestra Señora de La Paz (2002 a 2006). Docente invitada en la asignatura de Taller de Diseño III y IV en la Universidad Mayor de San Andrés (2005). Docente de la Maestría en Arquitectura y Diseño Urbano de la Universidad Mayor de San Andrés (2005). Dirige y asesora diversas tesis de licenciatura y publica artículos en revistas especializadas. Miembro fundador de la publicación académica www.architecthum.edu.mx donde participa como Coordinadora de Redacción (2000 a 2001). En el ejercicio profesional elabora diversos proyectos de arquitectura e interiorismo en su ciudad, además de tener una activa participación como miembro del Colegio de Arquitectos de La Paz, Bolivia.

María Elena Hernández Álvarez

Nació en la Ciudad de México. Doctora en Arquitectura, (Mención Honorífica) UNAM; Maestría en Humanidades, Licenciatura en Arquitectura y Master (MDI) U. Anáhuac. Inicia labor docente en 1972; ha impartido diversas cátedras en la ESIA del Instituto Politécnico Nacional, la Universidad Anáhuac, la Universidad Iberoamericana, la UNAM y el Instituto Superior de Ciencia y Tecnología, A.C. Fue Directora de la Escuela de Arquitectura del ISCYTAC (Gómez Palacio, Durango. México). Autora del *libro Arquitectura en la Poesía* (UNAM); coautora con la Dra. Margarita León Vega del libro *El espacio en la Narración* (UNAM); autora del libro *Supuestos morfogenéticos de la Arquitectura. El caso de la Catedral Gótica*. Ha publicado artículos en Universidades y en revistas especializadas. Ponente y organizadora en diversos foros nacionales e internacionales. Ha dirigido numerosas tesis de licenciatura, maestría y doctorado. Fundadora y Directora de la publicación en Internet www.architecthum.edu.mx. Fundadora y Directora de Architecthum-Plus, S.C., editores. En ejercicio libre de la profesión ha desarrollado y edificado diversos proyectos arquitectónicos. Titular del Seminario de Área y Taller de Investigación "Arquitectura y Humanidades" en el Programa de Maestría y Doctorado en Arquitectura de la Universidad Nacional Autónoma de México. Medalla "Alfonso Caso", UNAM por tesis doctoral. Miembro del Jurado del Premio Universidad Nacional y Distinción Nacional para Jóvenes Académicos. Reconocimiento de la Dirección General de Estudios de Posgrado UNAM a tesis doctoral en la Colección 2002. Miembro de Número de la Academia Nacional de Arquitectura. Consejera Técnica (2006-2012) representante de los profesores de Posgrado, Facultad de Arquitectura, UNAM.

José Luis Lizárraga Valdez

Nace en la Ciudad de Mazatlán, Sinaloa. Arquitecto egresado de la Universidad Autónoma de Sinaloa en 1997, becado por Intercambio Académico entre la U.A.S. y la U.N.A.M. Maestría en Arquitectura, U.N.A.M., miembro organizador del 5to coloquio internacional, Ciudades del turismo, el imaginario y la construcción del territorio turístico en Sinaloa.

Jorge Aníbal Manrique Prieto

Maestro en arquitectura (mención honorífica), UNAM. Arquitecto de la Universidad Nacional de Colombia, sede Bogotá; con profundización en vivienda. Ha trabajado en investigaciones de entidades públicas en Bogotá, como diseñador de proyectos en entidades privadas, y como profesor adjunto de posgrado en la Facultad de Arquitectura de la UNAM. Fue ganador de un primer puesto en la "X Anual de Estudiantes de Arquitectura" de la sociedad colombiana de arquitectos, con su proyecto de grado de licenciatura titulado: "Vivienda de alta densidad: Calidad en el Habitar". Proyecto que ha sido publicado en las revistas Escala Colombia y Replanteo. Ha participado en diferentes congresos y encuentros académicos como asistente y como ponente: en Noviembre de 2012 participó en el "XXIV Congreso Panamericano de Arquitectos" en Maceió, Brasil. Y en el año 2013 colaboró como parte del comité organizador y como ponente del "1er. Encuentro Académico Internacional: Reflexiones en torno al proyecto arquitectónico" organizado entre las maestrías en arquitectura de la UNAM y la UNAL, evento que se realizó en Bogotá, Colombia. Actualmente trabaja en una ONG desarrollando proyectos de infraestructura educativa para lugares marginados en México.

Ramón Moreno Carlos
Arquitecto en INAH, Director para México en Restauradores Sin Fronteras, Especialista e Investigador en CURBA-Consultores. Fue Docente en la Universidad del Valle de México, docente en la Universidad Interamericana para el Desarrollo y en el Instituto Tecnológico y de Estudios Superiores de Monterrey.

Daniela Osorio Olave
Nace en Santiago de Chile. Arquitecta, Maestra en Arquitectura y docente en la Facultad de Arquitectura de la UNAM. Ha participado en diversos proyectos de investigación sobre vivienda, trabajó en la ONG Fomento Solidario de la Vivienda entre 2002 y 2004.

Luz Aurora Pimentel Anduiza
Profesora Emérita de la Universidad Nacional Autónoma de México, su labor se destaca en los campos de la teoría literaria y la literatura comparada, es profesora de tiempo completo titular C definitiva en la Facultad de Filosofía y Letras. Tiene una Licenciatura en Letras Inglesas por la UNAM; un diploma de posgrado por la Universidad de Nottingham, Inglaterra; una maestría en literatura Anglo-Irlandesa por la Universidad de Leeds, Inglaterra (mención honorífica); otra maestría y un doctorado en Literatura Comparada por la Universidad de Harvard, Estados Unidos, donde obtuvo cuatro premios de Literatura Comparada. Inició su carrera docente y de investigación en la UNAM en 1965 en la Escuela Nacional Preparatoria, se incorporó al C.E.L.E. en 1968 y desde 1969 es profesora en la Facultad de Filosofía y Letras, es autora de los libros de teoría literaria *Metaphoric Narration*, *El relato en perspectiva* y *El espacio en la ficción*. Es miembro del comité editorial de la revista *Arquitectura y Humanidades,* desde 1996 participó en el proyecto internacional, *The Latin American Literary History Project,* auspiciado por la *Asociación Internacional de Literatura Comparada (AILC/ICLA)*. El proyecto culminó con la publicación, en tres volúmenes por Oxford University Press (2004), de Literary Cultures of Latin America. A Comparative History. La Dra. Pimentel participó también con un capítulo en el 2° volumen, "The Representation of Nature in Nineteenth-Century Narrative and Iconography", ha publicado una docena de capítulos en libros en México y en el extranjero,

entre los que destacan, "Comparative Literature and Cognitive Science", en *Savoirs et littérature;* "Florencia, Parma, Combray, Balbec... Ciudades de la imaginación en el mundo de En busca del tiempo perdido", en *Espacios imaginarios,* y "Teoría narrativa" en Aproximaciones. Lecturas del texto. En los ámbitos nacional e internacional ha publicado también cuarenta y ocho artículos sobre teoría y crítica literaria en revistas especializadas y de difusión, sobre autores tan diversos y fundamentales como Shakespeare, Joyce, Proust, Virginia Woolf, George Eliot, Hardy, Cortázar, Donoso, Rulfo o Neruda, entre otros. En el campo de la docencia ha impartido asignaturas y seminarios de investigación a nivel de licenciatura y de posgrado en la Facultad de Filosofía y Letras y en diversas instituciones nacionales y extranjeras. Responsable de la creación del posgrado en Literatura Comparada (1989), asesora del posgrado en Letras Inglesas (1982-1989) y del de Literatura Comparada (1989-1995). Es también fundadora y editora, desde 1996 hasta 2004, de la revista especializada *Poligrafías. Revista de Literatura Comparada.* Su labor docente y de investigación en México y en el extranjero la ha hecho merecedora de varios premios más, como el de Académica Distinguida otorgado por la Queen's University de Canadá en 1994, la "Cátedra Especial Dr. Samuel Ramos" (1992 y 1994), el Premio Universidad Nacional 1996 en Docencia en Humanidades; también es miembro por elección del Comité Coordinador de Historia Literaria Comparada, de la Asociación Internacional de Literatura Comparada (AILC/ICLA). Ha recibido como la del Consejo Británico y la Fundación Rockefeller, para realizar estudios de posgrado y estancias de investigación. Asimismo, pertenece al Sistema Nacional de Investigadores desde 1984, donde en tres ocasiones ha sido renovado su nombramiento en el Nivel III.

.

www.ingramcontent.com/pod-product-compliance
Lightning Source LLC
Chambersburg PA
CBHW030005110426
42736CB00040BA/513